ALDO FONTES-PEREIRA

ESCRITA CIENTÍFICA DESCOMPLICADA

COMO PRODUZIR ARTIGOS DE FORMA CRIATIVA, FLUIDA E PRODUTIVA

Copyright © 2021 de Aldo Fontes-Pereira
Todos os direitos desta edição reservados à Editora Labrador.

Coordenação editorial
Pamela Oliveira

Consultoria editorial
Márcia Lígia Guidin

Projeto gráfico, diagramação e capa
Amanda Chagas

Imagens de capa
Amanda Chagas
Freepik.com

Assistência editorial
Larissa Robbi Ribeiro

Imagens de miolo
Paulo Victor Magno

Preparação de texto
Laura Folgueira

Dados Internacionais de Catalogação na Publicação (CIP)
Angelica Ilacqua – CRB-8/7057

Fontes-Pereira, Aldo
  Escrita científica descomplicada : como produzir artigos de forma criativa, fluida e produtiva / Aldo Fontes-Pereira. — São Paulo : Labrador, 2021.
  144 p.

Bibliografia
ISBN 978-65-5625-138-7

1. Redação técnica 2. Publicações científicas 3. Pesquisa – Metodologia I. Título

21-1396   CDD 808.066

Índice para catálogo sistemático:
1. Redação técnica - Publicações científicas

Editora Labrador
Diretor editorial: Daniel Pinsky
Rua Dr. José Elias, 520 – Alto da Lapa
05083-030 – São Paulo – SP
+55 (11) 3641-7446
contato@editoralabrador.com.br
www.editoralabrador.com.br
facebook.com/editoralabrador
instagram.com/editoralabrador

A reprodução de qualquer parte desta obra é ilegal e configura uma apropriação indevida dos direitos intelectuais e patrimoniais do autor.

A editora não é responsável pelo conteúdo deste livro. O autor conhece os fatos narrados, pelos quais é responsável, assim como se responsabiliza pelos juízos emitidos.

À minha família, por todo apoio.

A todos editores, revisores e pesquisadores que acreditaram e contribuíram para a realização desta obra.

Aos meus professores de redação, especialmente à professora Socorro Pastana, e aos meus eternos orientadores, Renato Teixeira, Marco Antônio von Krüger e Wagner Pereira, sou muito grato a vocês.

A todos os meus orientandos, alunos e a você, leitor.

TERMO DE COMPROMISSO

Assumir um compromisso é concordar em cumprir uma ou várias ações específicas dentro de prazos pré-estabelecidos. Aceitar um termo de compromisso ajuda no cumprimento de metas da melhor forma possível. Parece mágica, mas é ciência!

Peter Ferdinand Drucker, que foi professor de Ciências Sociais da Claremont Graduate na Califórnia, Estados Unidos, autor de diversos artigos e de mais de 35 livros e um dos mais influentes especialistas em gestão de negócios do mundo, afirmava: "Uma decisão só se torna eficaz quando os comprometimentos com a ação são incluídos na decisão desde o início".

Neste livro, apresentarei diversas metas específicas com prazos viáveis, que formam um mapa mental que o ajudará a organizar suas ideias e acelerará a sua produtividade. Você vai voar. Você tem potencial para isso. Acredite!

Este livro será seu orientador. Eu o desafio a escrevermos juntos o seu artigo. Na universidade, para formalizar o acordo entre o orientando e orientador, é preenchido um termo de compromisso. Desse modo, solicito que você preencha o termo a seguir:

TERMO DE COMPROMISSO

Eu, _____, comprometo-me a me dedicar, dar o meu melhor e cumprir o passo a passo apresentado neste livro intitulado *Escrita científica descomplicada: como produzir artigos de forma criativa, fluida e produtiva*. Cumprirei as metas e os prazos pré-estabelecidos, a fim de escrever o meu/a minha _____ (Trabalho de Conclusão de Curso [TCC], dissertação de mestrado, tese de doutorado ou artigo científico) de forma eficaz, suave e prazerosa, conquistando leitores e contribuindo efetivamente para o avanço da sociedade com a publicação da minha pesquisa.

_____, _____ / _____ / _____.
(cidade)   (dia)/(mês)/(ano).

_____
(sua assinatura)

SUMÁRIO

PREFÁCIO	9
POR QUE VOCÊ DEVE LER ESTE LIVRO?	11
1. O CAMINHO PARA A PUBLICAÇÃO	15
2. ESCREVER ARTIGOS CIENTÍFICOS TAMBÉM É CONTAR UMA HISTÓRIA	18
3. SÍNDROME INQUIETANTE DA PERFEIÇÃO DA PRIMEIRA LINHA	22
4. UMA FOTOCÓPIA VALE MENOS QUE O ORIGINAL	26
5. PUBLICAR É PRECISO, MAS QUANDO SE DEVE	28
6. COMO LER CORRETAMENTE UM ARTIGO CIENTÍFICO?	31
7. ESCRITA CIENTÍFICA ENVOLVENTE	41
8. FORMATAÇÃO	50
9. INTEGRIDADE CIENTÍFICA	60
10. OS CINCO ATOS	67
11. MÉTODO MMA	72
12. MEDITAÇÃO	75
13. MÃOS À OBRA	80
14. COMO CONSTRUIR TÍTULOS CIENTIFICAMENTE INTERESSANTES?	113
15. ESCREVENDO A SEÇÃO RESUMO	122
16. ATUALIZAÇÃO	127
17. CARTA AO EDITOR	133
18. CHECKLIST DO ARTIGO	135
PRÓXIMO PASSO	138
REFERÊNCIAS	139

PREFÁCIO

Em 2010, eu estava começando uma nova fase em minha vida, saindo de um doutorado no Centro de Ciências da Saúde da Universidade Federal do Rio de Janeiro (UFRJ) e iniciando um pós-doutorado no Programa de Engenharia Biomédica. Meus colegas, que antes eram biólogos, farmacêuticos e biomédicos, passaram a ser engenheiros, físicos, fisioterapeutas e médicos. As linhas de pesquisa no Laboratório de Ultrassom eram as mais diversas possíveis, assim como o histórico de cada indivíduo lá, um fator extremamente agregador em todas as nossas discussões científicas. Foi nesse cenário que conheci o Aldo, e tivemos o prazer de conviver no mesmo ambiente de trabalho por vários anos, aproveitando os famosos intervalos e cafés do laboratório para inúmeras conversas produtivas, compartilhando assuntos profissionais que iam de ultrassom terapêutico e consolidação óssea à detecção de tumores por novos métodos de imagem.

Estar em um ambiente diverso em linhas de pesquisa e agregador em conhecimento laboratorial é uma das melhores coisas que a área acadêmica nos proporciona, e com isso acabamos acompanhando com muito entusiasmo as evoluções pessoais e profissionais de nossos pares. E foi com esse mesmo entusiasmo e contentamento que recebi e analisei essa segunda obra de Aldo, anos depois da nossa convivência no Laboratório de Ultrassom e agora agregando muitas outras coisas em comum, como nossas experiências na parentalidade e o grande interesse pela divulgação da ciência. O trabalho científico não acaba quando os experimentos chegam ao fim; ao contrário, é ali que começa uma etapa tão importante quanto – ou mais –, que é divulgá--los para nossa sociedade, a fim de que tudo o que pesquisamos possa ser eternizado, compreendido e utilizado.

De nada adianta pesquisar se apenas nós temos acesso aos resultados de nossa pesquisa. Mas escrever um artigo científico não é intuitivo nem simples: requer conhecimento, treinamento e prática. Passamos anos na graduação e na pós-graduação, aprendemos muito sobre nossos tópicos de pesquisa e sobre as diversas metodologias de cada área, mas, quando precisamos encarar a missão de colocar no papel o que pesquisamos, nos deparamos com a temível síndrome da página em branco. Este livro pode ajudar estudantes e profissionais a enfrentarem não somente essa página, mas também outro grande pesadelo dos cientistas: a rejeição de nossos trabalhos pelas revistas científicas. Ela provavelmente acontecerá em algum momento da sua carreira na ciência, mas saber como preparar um bom manuscrito a fim de evitá-la e como alterar um *paper* caso seja necessário para submetê-lo a outro periódico é extremamente útil. Este é, portanto, um livro destinado não somente aos que nunca escreveram um artigo científico, mas a todos que querem fazer desse processo algo mais prazeroso e produtivo. Aproveite as dicas aqui elencadas, guarde os links disponibilizados e boa sorte em sua submissão. Espero ler seu artigo em breve!

Professora doutora Rossana Colla Soletti

Mestre em Neurociências pela Universidade Federal de Santa Catarina (UFSC); doutora em Ciências Morfológicas pela Universidade Federal do Rio de Janeiro (UFRJ). Realizou parte do seu mestrado no Departamento de Farmacologia da Universidad Autónoma de Madrid e parte de sua tese de doutorado na University of California San Diego. Tem pós-doutorado no Programa de Engenharia Biomédica da Coppe-UFRJ e especialização em Informação Científica e Tecnológica em Saúde pela Fiocruz. É divulgadora científica e integrante do Movimento Parent in Science. Idealizadora e administradora do perfil @maternidade.com.ciência no Instagram.

POR QUE VOCÊ DEVE LER ESTE LIVRO?

> "Os dois dias mais importantes da sua vida são: o dia em que você nasce, e o dia em que você descobre o porquê."
>
> **Mark Twain**

Quando decidi entrar no mundo dos escritores de livros para compartilhar os conhecimentos adquiridos, busquei conhecer a fundo o papel de cada profissional por trás de um livro, dicas, métodos etc.

Durante essa caminhada, descobri que os livros de não ficção mais lidos são os que ajudam os leitores nas áreas de finanças, saúde e relacionamentos. Fiquei superfeliz, pois a obra que você tem em mãos o ajudará a escrever e publicar um artigo científico, e esse processo aumentará as suas chances de se beneficiar nessas três áreas. Vou explicar como!

Finanças: uma das melhores formas de construir boa reputação e autoridade no assunto em que você atua é escrever artigos científicos. O profissional que publica artigos é mais reconhecido na área dele, assim, espera-se o aumento de clientes, convites para palestras, cursos, consultorias, escrita de livros, blogs e colunas de jornais etc. Por consequência, aumentará o retorno financeiro.

Saúde: os livros científicos enaltecem a necessidade da busca de boas informações e da difusão adequada do conhecimento. Este livro o ajudará a ler e escrever artigos de forma adequada. Assim, seus artigos contribuirão não só para o avanço da sociedade, mas para aumentar o sentimento de realização pessoal e valorização existencial.

Publicar desperta uma felicidade enorme. Você sabe ou saberá do que estou falando. Deixar um legado e contribuir para o bem da sociedade é inigualável.

Além disso, escrever ajuda a diminuir o estresse e melhora o sistema imunológico. Isso foi analisado por pesquisadores do departamento de Psicologia da The University of Auckland, na Nova Zelândia, que avaliaram se a prática da escrita aceleraria a cicatrização em idosos saudáveis entre os 64 e 97 anos, que escreveram durante três dias seguidos. Após duas semanas, foi realizada uma pequena lesão nos braços dos voluntários e a cicatrização desta foi monitorada por 21 dias. Os participantes que colocaram no papel seus sentimentos e posicionamentos sobre algum assunto tiveram uma proporção maior de feridas totalmente cicatrizadas em comparação com os idosos que apenas escreveram sobre atividades diárias.

Nos artigos científicos, deixe claros a sua motivação e o seu posicionamento sobre o assunto trabalhado. Isso é bem valorizado pelos leitores mais críticos.

Relacionamento: pesquisar é um casamento. Publicar é mostrar para o mundo como está esse casamento. Você verá melhora no seu potencial de comunicação, de fazer novas amizades e de colaborações.

Você perceberá essa melhora não apenas com os colaboradores da sua pesquisa, mas no dia a dia, no mundo além das paredes das instituições de ensino e pesquisa. A maioria dos problemas interpessoais é devida a falhas na comunicação. Aprender a comunicar-se melhorará o ato de se relacionar.

Obstáculos à vista

Mas escrever e publicar não são tarefas fáceis para quem não conhece os bastidores da escrita científica. Para alcançar o sucesso do artigo, é necessário superar dois principais obstáculos: 1) rejeição pelas revistas e leitores e 2) divulgação ineficiente.

As revistas científicas consagradas rejeitam em torno de 70% dos artigos científicos submetidos, sem qualquer revisão, e cerca de 60% são rejeitados após a revisão por pares.

A rejeição sem revisão varia em cada área de conhecimento. Em 2017, o Ph.D. Ian Potter, da *Clarivate Analytics*, divulgou na Feira de Livros de Frankfurt que a taxa mais alta de rejeição sem revisão é na área das Ciências Agrárias e a taxa de mais alta aceitação é na das Ciências Espaciais.

Além disso, há um grande número de artigos já publicados à disposição dos leitores. Um artigo escrito visando apenas à aceitação pelas revistas aumenta as chances de rejeição pelos leitores, mesmo com informações valiosas. Escrever um trabalho que seja aceito por revistas e leitores, recomendado, citado por outros artigos e na mídia é quase impossível sem o método de escrita adequado.

Assim, nesta obra, apresento os bastidores da publicação científica, um passo a passo adequado da escrita científica mais natural, resgatando toda a sua criatividade e evitando a perda de horas escrevendo de forma pouco produtiva.

Este livro é mais voltado para a escrita de artigos científicos das áreas biológica e da saúde, porém as dicas aqui apresentadas são úteis para todos os tipos de redações.

Além de escrever o artigo adequadamente, é necessário divulgá-lo de forma eficiente. Não deixe esse trabalho apenas para as editoras. Para isso, siga os passos:

- Envie um e-mail para os pesquisadores. Inspire-se no modelo presente no capítulo "carta ao editor" e acrescente o link de acesso ao seu artigo. Pegue os e-mails dos pesquisadores nos artigos que eles publicaram.
- Envie um e-mail para jornalistas científicos, para a imprensa das universidades e do seu estado e órgãos de fomento (caso a sua pesquisa tenha recebido financiamento de algum).
- Crie uma conta no Academia.edu (https://www.academia.edu) e adicione as informações do seu artigo. Nem sempre é possível anexá-lo nessa plataforma, pois algumas revistas não permitem. Leia as normas da revista.
- Preencha o seu perfil no Google Scholar (https://scholar.google.com). O Google automaticamente reúne as suas publicações no seu perfil.
- Crie uma conta no ResearchGate (https://www.researchgate.net) e adicione as informações do seu artigo. O ResearchGate é uma rede social internacional para estudantes e profissionais da área da ciência.
- Adicione o artigo no Currículo Lattes (http://lattes.cnpq.br). Para brasileiros, o currículo Lattes é o padrão nacional de registro da vida acadêmica de estudantes e pesquisadores.

- Divulgue no LinkedIn (https://www.linkedin.com), Facebook (https://www.facebook.com), Twitter (https://twitter.com) e Instagram (https://www.instagram.com).

O nascimento do livro

Este livro é fruto de anos de aulas, experiência editorial, orientações, pesquisas, muitas conversas com editores, autores de artigos científicos e os meus eternos orientadores e palestras nas quais eu ensinava a escrever um artigo científico. Agradeço a todos pela ajuda.

Essas palestras não costumavam ter um nome definido, mudavam para cada canto que eu ia, mas em 2017, defini um título: "Aristóteles, Homem de Ferro, mito da caverna e ciência: o processo encantador da escrita científica".

Após uma conversa franca com alguns acadêmicos de uma instituição de ensino superior (IES), fui encorajado a transformar a palestra em curso. Isso me deixou maravilhado. Após um tempo, resolvi apresentar o método de uma forma mais democrática, sem a necessidade de estar na cidade de cada um.

Sei que muitos nunca publicaram um artigo científico. Estes não devem ficar preocupados, pois tudo será fácil utilizando o método apresentado aqui. Despertaremos a sua criatividade e aniquilaremos todos os autossabotadores que impedem a sua escrita científica de qualidade.

Para você, pesquisador experiente, este livro ajudará a lapidar os seus conhecimentos. Como somos eternos aprendizes, acredito que o método que ensinarei será diferente dos que você já conhece e o ajudará na eficácia do seu laboratório quanto a escrita científica.

Sei que fazer ciência é mais importante do que publicar, mas publicar é uma forma didática e eficiente de difundir os achados. Entendo, também, que o conhecimento de mundo é essencial nesta fase e que talvez você não reconheça a imensidão de saberes que há em você. Você verá que escrever um artigo de qualidade é simples, não precisa de uma gota de lágrima – chorar é apenas de alegria quando receber a carta de aceitação do seu artigo em uma revista científica.

Não vejo a hora de ler o seu nome publicado em um artigo científico!

Desejo a você uma ótima leitura.

1. O CAMINHO PARA A PUBLICAÇÃO

"Aonde fica a saída?,
perguntou Alice ao gato que ria.
Depende, respondeu o gato.
De quê?, replicou Alice.
Depende de para onde você quer ir..."

Alice no país das maravilhas, Lewis Carroll

Um mapa de orientação é essencial para quem deseja produzir um bom artigo científico. Visualizar onde você parou e para onde vai, com o tempo que pode gastar, aumenta muito a produtividade e torna o processo mais suave, prazeroso e eficiente. É um "tapa na cara" da procrastinação.

Com toda certeza, você já escutou: "Não deixe para amanhã o que você pode fazer hoje". Um dos grandes problemas dos procrastinadores é permitir deixar para depois o que pode fazer já. Assim, para aumentar a sua produtividade, separe um horário específico para escrever seu artigo e agende isso no seu smartphone ou na sua agenda. Faça chuva ou faça sol, esteja lá na sua mesa no horário marcado.

Inicie o seu artigo hoje mesmo e, de preferência, coloque essa atividade como prioritária. Caso escrever seja uma atividade considerada difícil para você até agora, inicie o dia por ela. Segundo os especialistas em gestão de tempo, é indicado sempre iniciar o dia com as tarefas mais difíceis.

Durante a faculdade, tentei aumentar ao máximo a minha produtividade. Assisti a diversos vídeos e li vários livros. A dica principal e a mais frequente era: desligue a televisão e vá fazer o que deve. Hoje, digo a você: desligue o smartphone e vá fazer o que deve ser feito.

Mensure o seu progresso sempre. Recomendo retornar e olhar para o que chamo de "O caminho para a publicação". Faça uma avaliação sobre sua evolução. Uma das coisas que aprendi com os colaboradores de Exatas é que tudo o que é mensurado pode ser melhorado.

Quando chegava bem próximo do Congresso Brasileiro de Engenharia Biomédica, o laboratório onde fiz mestrado e doutorado ficava lotado de alunos. Todas as mesas eram ocupadas e havia até disputa para usar os equipamentos.

A pesquisa e, sobretudo, a escrita de artigos ficavam a todo vapor! Até mesmo as dos alunos mais lentos e daqueles que postergavam a escrita do artigo. Até o deadline, um grande número de artigos era entregue e quase todos eram aceitos após a avaliação. Sabe o que motivava a entrega de muitos artigos? O deadline bem próximo.

"O trabalho se expande de modo a preencher o tempo disponível para a sua realização", disse o historiador Cyril Northcote Parkinson, especialista na Marinha Britânica, para a revista *The Economist*, em 1955. Isso ficou conhecido como a Lei de Parkinson e explica por que deixamos para depois tarefas com prazos longos.

Sem o tempo estipulado, vamos perder tempo e o trabalho demorará mais para ser concluído. Dessa forma, propus os tempos, mas você colocará o prazo (dia). Por exemplo, você terá quatro horas para fazer a primeira atualização. Anote na sua agenda, ou em um *planner*, quantos e quais os dias em que gastará essas quatro horas. Só não dê um prazo muito longo Por exemplo, nove dias para realizar uma tarefa de quatro horas (o número de dias não pode ser maior que o dobro do número de horas).

Escreva em um ambiente calmo e nunca na cama. Escolha mesa e cadeira confortáveis. Por falar em mesa, organize a sua. Não deixe livros e anotações jogados nela.

Não imite o estilo de escrever de nenhum pesquisador. Isso fará você se enrolar na escrita. Com toda a certeza, você será resultante dos autores que já lê, então, não se preocupe.

Apenas escreva. Não fique lendo o que escreveu a fim de corrigir e reescrever. Deixe esse processo mais natural, como se estivesse contando uma história para alguém. Seguindo a ideia de deixar tudo mais fluido, não seja tão rígido com o tempo proposto e com você. Alerto isso porque é possível que ocorra algo durante a sua trajetória e você não possa cumprir as metas no tempo proposto. Caso isso ocorra, não se torture. Retorne para este capítulo e foque apenas o quanto já foi feito. Você se sentirá bem melhor.

O mais importante é seguir o método. Então, ajuste o tempo conforme a sua realidade, aumente um pouco ou "quebre" em várias sessões. Pequenas sessões diárias são bem mais produtivas que uma sessão enorme em um único dia.

Marque os itens assim que realizá-los. Você seguirá o seguinte caminho, investindo os respectivos tempos:

- ☐ 1 – Formatação do documento que receberá o seu artigo – 1 hora
- ☐ 2 – Meditação – 1 hora e 30 minutos
- ☐ 3 – Escreva a introdução – 13 horas
- ☐ 4 – Escreva os materiais e métodos – 10 horas
- ☐ 5 – Escreva os resultados – 7 horas
- ☐ 6 – Escreva a discussão – 12 horas
- ☐ 7 – Escreva a conclusão – 2 horas
- ☐ 8 – Escreva o título – 2 horas
- ☐ 9 – Escreva o resumo e as palavras-chaves – 3 horas
- ☐ 10 – Atualização 1 – 4 horas
- ☐ 11 – Atualizações 2 e 3 – 6 horas
- ☐ 12 – Atualização final – 2 horas
- ☐ 13 – Escreva a carta ao editor – 1 hora
- ☐ 14 – Checklist – 30 minutos

Agora que você conhece "o caminho para a publicação", precisa entender o fundamento da escrita científica antes de qualquer dica ou raciocínio científico. O fundamento é algo tão natural quanto contar histórias para amigos[1].

---

[1] Um breve lembrete: as menções a indivíduos, marcas e softwares contidas neste livro são meramente ilustrativas. O fato de uma instituição ou site ser citado nesta obra não significa que o autor e a editora aprovem o que eles possam oferecer ou recomendar. Além disso, convém ressaltar que os sites citados aqui podem ter mudado ou desaparecido depois da publicação desta obra.

2. ESCREVER ARTIGOS CIENTÍFICOS TAMBÉM É CONTAR UMA HISTÓRIA

> "A história mais importante
> é a que estamos
> escrevendo hoje."
>
> **Meredith Grey**

— Eu lembro que uma vez... — dizia o meu pai, com um leve sorriso no rosto.

— O que aconteceu? O que foi? Conta aí — eu o indagava avidamente.

"Eu lembro que uma vez..." dele era o "estalo" para que meus ouvidos, olhos e mente se direcionassem unicamente a ele e pedissem para ele continuar. Sabia que ele tinha se lembrado de alguma história.

— Conte a história — eu pedia ao meu pai.

Papai ampliava o sorriso e fazia uma cara do tipo: consegui ganhar a atenção dele.

Como era bom escutar aquelas histórias. Papai sabia despertar como ninguém a curiosidade dos outros. Era um narrador nato. Muitas de suas histórias, não sei se são verdadeiras, mas, no mínimo, conquistavam gostosas risadas ou deixavam a minha imaginação aflorada.

Desde criança, um dos meus passatempos prediletos é escutar histórias. Por meio delas, conhecemos não apenas a narrativa, mas também temos pistas da personalidade de quem a conta. Isso é fantástico!

Com o passar dos anos, o desejo por ouvir histórias aumentou e até agucei a capacidade de perceber quando alguém recordava alguma boa. Quando percebo nos olhos brilhantes de uma pessoa que alguma recordação passou por ela, sei que sentimentos estão envolvidos, e isso já merece minha atenção. Quando tenho liberdade, peço para me contarem. Não é à toa que falam que cientista é curioso.

O mesmo tema pode gerar diferentes histórias. Por exemplo, você se lembra da sua aprovação no vestibular? Histórias sobre a aprovação no vestibular são contadas milhares de vezes por diferentes pessoas. Ao mesmo tempo que são bem semelhantes, também são únicas! O tema pode ser igual, mas a história é diferente aos olhos do narrador e ao cérebro do ouvinte.

Veja:

"Disse-lhe Jesus: 'Em verdade te digo que, nesta mesma noite, antes que o galo cante, três vezes me negarás.'" (Mateus 26:34)

"E disse-lhe Jesus: 'Em verdade te digo que hoje, nesta noite, antes que o galo cante duas vezes, três vezes me negarás.'" (Marcos 14:30)

"Respondeu-lhe Jesus: 'Tu darás a tua vida por mim? Na verdade, na verdade te digo que não cantará o galo enquanto não me tiveres negado três vezes.'" (João 13:38)

O acontecimento dessas passagens foi o mesmo, mas é contado de forma diferente por pessoas diferentes no livro mais lido do mundo, a Bíblia Sagrada. Não é meu objetivo entrar em questões teológicas, mas vejamos que, em Marcos 14:30, a história apresentou o detalhe quanto à quantidade de vezes que o galo cantaria, porém em Mateus 26:34 e João 13:38 não houve esse detalhe.

Versões da história podem surgir de diferentes formas. As principais causas são: a) quando um narrador escolhe deixar de lado alguns detalhes de acordo com a sua personalidade e conhecimento ou b) quando o narrador não teve conhecimento de alguns detalhes da história.

Agora, vamos passar isso para a escrita científica. Diante de várias informações e da possibilidade de criar uma narrativa, qual é a base para escrever um artigo científico com maior possibilidade de aceitação por revistas, avaliadores e leitores? A resposta é: escreva para o leitor.

Isso deveria ser óbvio. Não escreva para você, escreva para o leitor. A maioria dos livros de escrita científica alerta que devemos escrever para o público-alvo. Mas, na minha opinião, isso é um pouco limitado, todos os leitores devem fazer parte do grupo denominado público-alvo. Com as histórias que meu pai me contava, ele sabia despertar meu interesse de forma fácil, mas só era considerado um narrador de história nato porque sabia contar histórias que chamavam a atenção de todos. Ele tinha em mente um enredo (dividido por atos) e sabia quais os detalhes que deveriam ser contados.

Escrever um artigo científico também é contar a história de uma pesquisa com detalhes e de acordo com o rigor científico. Mas, para que um artigo conquiste leitores, ele tem de ser escrito para todos.

Por exemplo, se o estudo é sobre "como as sequoias se reproduzem" e você escreve apenas para biólogos e engenheiros florestais, conquistará apenas a atenção desse público. Este raciocínio é segregador, exclui muitos leitores.

A ciência é para todos, público-alvo e não alvo. Então, a escrita deve ser feita de tal modo que apresente pontos de interesse comuns a esses dois públicos.

Uma experiência suave e prazerosa

Uma das dúvidas mais frequentes dos escritores de textos científicos é se deve contar a história de forma pessoal ou impessoal. A regra é: escreva de acordo com a norma da revista a que você a submeterá. Digo isso porque normalmente, nas revistas nacionais, escrevemos no modo impessoal e, nas internacionais, no pessoal (em primeira pessoa); mas há diversas exceções.

Minha outra paixão, que de certa forma está associada à paixão de escutar histórias, é divulgar a ciência. Amo pesquisar e contar minha pesquisa para os outros, de diferentes formas. Isso me faz ler diversos livros, artigos e fazer vários cursos sobre como contar histórias e escrever artigos científicos.

Passei muito tempo pensando se deveria escrever este livro e como fazê-lo. Confesso que temia ser taxado como um tanto quanto arrogante, afinal, tem milhares de cientistas com mais experiência do que eu. Apesar disso, vale lembrar que até excelentes cientistas têm dificuldade de colocar as suas ideias no papel.

Então, pensei: por que escrever um livro? Porque tenho o desejo de facilitar o processo de escrita científica, apresentando um novo método de orientação em cada fase. Quero que a escrita de um artigo científico seja uma experiência suave e prazerosa, que você fique maravilhado e ache simples, tudo de forma natural. Não quero que ninguém tenha problemas como eu tive.

Muitos colegas cientistas e alunos me incentivaram, mas, ao ler a obra *Sobre a escrita*, de Stephen King, tive a certeza de que deveria escrever este livro e compartilhar com você tudo o que aprendi ao longo dos anos com meus estudos.

Será a minha contribuição para facilitar a publicação de mais trabalhos científicos. A sociedade precisa conhecer diversas mentes que não publicam ou que enfrentam barreiras para publicar devido a dificuldades na escrita científica.

Não sou dono da verdade, mas integrei diversas dicas de escrita científica que aprendi e aplico em estudos; agora, gostaria de compartilhar com todos. Apresentarei as dicas dos maiores cientistas do mundo, dos editores das melhores revistas científicas, dos revisores de artigos e projetos e, claro, o método que nasceu ao agrupar todas essas lições.

3. SÍNDROME INQUIETANTE DA PERFEIÇÃO DA PRIMEIRA LINHA

> "Uma longa viagem começa com um único passo."
>
> Lao-Tsé

Muitos cientistas, como eu, principalmente no início da carreira, se pegavam imaginando quão bom seria saber o estilo da escrita que revisores e editores desejariam ler em um artigo científico. Assim, escreveríamos de acordo com os desejos deles e aumentaríamos as chances de publicação.

Aquele que tem pretensão de escrever um artigo científico tem de ter em mente que o estudo pode ser escrito de diferentes formas; isso direcionará ou não ao sucesso do artigo.

Neste livro, não ensinarei a fazer a pesquisa propriamente dita, mas a escrever o seu artigo da melhor forma possível. Isso será possível por meio do método MMA (Meditação, Mãos à obra e Atualização).

É frequente a cena a seguir: o aluno após anos de estudos, chega ao local onde realizará a prova do vestibular, senta-se em sua carteira, coloca em cima da mesa todo o material permitido e está pronto para iniciar a redação.

Minutos passam e nada da redação, apenas rascunhos que foram apagados e considerados ruins. Essa atitude, muitas vezes, acaba fazendo com que ele reprove. Quando o aluno é sondado sobre o que ocorreu, apresenta vários motivos, entre os quais "deu branco", "não consegui colocar para fora o que eu queria" e "travei".

Por que isso acontece com frequência?

Vários são os motivos, mas algo que está presente em quase todos os casos é a **dificuldade de iniciar a primeira linha da redação**. Parece que nada é bom o bastante. Como somos autossabotadores! Somos os nossos piores avaliadores e trocamos dezenas de linhas por uma. Não faz sentido.

Somos criados escutando que a primeira imagem é a que fica. Isso fica preso na nossa cabeça e aceitamos como verdade por toda a nossa vida. Cuidado com isso! Prefiro o que meu xará Aldo Novak diz: "Não é a primeira impressão a que fica. É a última. Apenas se certifique de que a primeira não seja a última".

Então, não se cobre muito na escrita da primeira linha. Provavelmente, você realizará modificações após escrever todo o texto e chegará ao que deseja escrever.

Você pode estar se perguntando: por que tanta dificuldade em escrever a primeira linha? É porque já temos, mais ou menos, a história formada na nossa cabeça e, ao escrever a primeira linha, automaticamente, avaliamos se está de acordo com o que temos em mente. Como em geral não ordenamos as ideias, o texto também não apresentará ordem, logo, avaliamos o artigo como ruim e entramos no *loop* para escrever a primeira linha.

Esse problema ocorre porque, nesse processo, investimos mais o tempo, de forma errada, na ação de escrever do que na preparação (ordenar as ideias). Por isso a, Meditação é fundamental! Você aprenderá a ordenar as ideias no capítulo "Meditação".

Após ordenar as ideias, conte 3, 2, 1 e inicie. Depois, você melhorará o que fez. Isso serve para qualquer coisa na vida, especialmente para quem é procrastinador. No caso dos artigos científicos, depois, você lapidará o que escreveu na fase "Atualização" (p. 127).

O que aqui chamo de "síndrome inquietante da perfeição da primeira linha" rouba sonhos e destrói redações de vestibulares, TCCs, dissertações, teses e artigos científicos importantíssimos! Muitos artigos científicos não saem da cabeça do pesquisador e não são publicados. Essa trava mata nossa criatividade.

Outro problema é o medo da avaliação dos outros. Julgamos de forma errônea que, para agradar, a primeira linha tem que ser perfeita, logo de primeira.

Todos têm um grande potencial

As crianças são ótimas contadoras de histórias! Ficamos surpresos e admirados com as histórias mirabolantes contadas por elas. Muitas conquistam nossas risadas. Elas, ao contrário de nós, não têm medo da avaliação alheia.

Ao longo dos anos, isso se modifica, e formamos um exército de alunos que não participam das aulas, preferem ficar calados. Não é à toa que diversas técnicas de metodologia ativa são utilizadas em sala de aula na busca de aumentar a participação e aprendizagem dos alunos.

Algo que aprendi logo nas primeiras aulas da minha especialização em ativação do processo de mudança na formação superior do profissional de saúde, pela Fiocruz-RJ, é tentar não colocar os alunos enfileirados. Colocá-los em um grande círculo aumenta as chances de participação, facilitando a exposição das ideias e da criatividade de cada um, enfim torna-os ativos.

Isso combate o pensamento popularmente aceito de que quem se senta à frente tem obrigação de participar mais das aulas. Diante do cenário vivenciado, quase sempre de alunos enfileirados em salas de aula, fica fácil prever que, quando chegar a redação do vestibular, o aluno terá dificuldades de exteriorizar tudo o que deseja. Ele não está acostumado a ser o protagonista. Isso se agrava no ensino superior, quando o aluno chega ao final do curso e precisa fazer o TCC.

No caso do TCC, a escolha do tema é como "iniciar a primeira linha da redação". Pense na dificuldade de escolher um tema no TCC. O problema é "empurrado com a barriga", chegando à especialização, mestrado, doutorado, muitas vezes por desconhecimento do problema. Então, escolha qualquer tema e inicie. Você vai ver que não perderá nada, nem tempo. Depois apenas melhore o tema.

Com meu livro *Revisão sistemática da literatura: como escrever um artigo científico em 72 horas*, recebi diversos feedbacks de pessoas que acreditavam que seria impossível fazer a pesquisa e escrever um artigo científico em 72 horas, mas, após colocarem em prática o que aprenderam, viram que estavam enganadas e que, sim, é possível escrever um bom artigo científico nesse tempo. Apenas tirei as amarras dos leitores.

O livro foi e ainda é um sucesso. Várias vezes, ocupou o espaço de livro mais vendido na categoria de Pesquisa, Habilidade de Escrita e Língua, Linguística e Redação da Amazon. Foi muito legal receber e-mails de pesquisadores que publicaram utilizando o método do livro. Isso me motivou também a escrever este livro que está em suas mãos.

Todos têm um grande potencial para escrever artigos científicos, porém as regras do jogo não são bem esclarecidas. Muitas vezes, quando os artigos são escritos e até mesmo publicados, não ganham a devida visibilidade pela comunidade científica e pela sociedade não acadêmica por terem sido escritos de forma inadequada.

Não é apenas o autor que perde, mas a sociedade como um todo perde. A minha busca incessante por conhecer os segredos da publicação científica de sucesso fez-me conhecer vários pontos-chave para conseguir a aceitação não apenas das revistas científicas, mas também da sociedade em geral. Esses pontos-chave foram utilizados por mim nos meus artigos e repassados aos meus alunos e orientandos. Isso resultou em melhor aceitação dos trabalhos pela comunidade.

Quem pretende escrever artigos científicos deve perceber que a quantidade deles aumentou graças à digitalização de artigos e publicações on-line. Além disso, a taxa de crescimento anual das revistas científicas é de 3,5%, o que aumenta o número de artigos disponíveis para ler.

Para que um artigo seja escolhido dentre muitos publicados, precisa apresentar quatro características:
- Título informativo conclusivo com palavras adequadas.
- Resumo informativo que valoriza o tempo do leitor.
- Palavras-chaves escolhidas adequadamente.
- Clareza do que o leitor procura.

Essas características funcionam como um elixir contra a rejeição dos artigos, pois, normalmente, título, resumo e palavras-chaves são as partes que ficam expostas para qualquer leitor. O objetivo é conquistar o leitor com esses trechos para que ele pegue o seu artigo e, assim, leia a próxima seção e a próxima até chegar ao fim.

4. UMA FOTOCÓPIA VALE MENOS QUE O ORIGINAL

> "Ler muito é um dos caminhos para a originalidade; uma pessoa é tão mais original e peculiar quanto mais conhecer o que disseram os outros."
>
> **Miguel Unamuno**

Quando os editores científicos são abordados sobre qual o principal motivo que leva à rejeição de um artigo científico, a resposta é: a falta de originalidade.

A ciência busca informações valiosas. Uma fotocópia com toda certeza é menos valiosa que o original. Busque a originalidade. Mas será que essa falta de originalidade ocorre por erro na escolha do tema?

Como já falei, o tema de uma história pode ser o mesmo de outra, mas o fantástico é a forma de contar. A originalidade é conquistada quando identificamos o buraco científico existente no tema e depois contribuímos para tampar esse buraco.

Não pense que ensinarei uma forma de mentir cientificamente, apenas deixarei claros alguns pontos que passam despercebidos ou não são ditos nas aulas de escrita científica.

Caso deseje ir direto ao ponto de como escrever as seções de introdução (p. 80), materiais e métodos (p. 96), resultados (p. 103), discussão (p. 109), títulos (p. 113) e resumo (p. 122), basta ir às seções "Recapitulando", presentes no final de cada capítulo, mas recomendo imergir nos capítulos apresentados um por um e segui-los como um curso.

Essa atitude favorecerá o conhecimento dos bastidores da escrita científica, além de fortalecer a maturidade científica e o entendimento da essência dos desejos mais profundos dos editores científicos, revisores e bancas avaliadoras, pois esses buscam informações completas, breves e claras.

Uma vez, fui convidado por uma universidade para palestrar sobre publicação científica. Um dos espectadores relatou o seguinte: "Quando me inscrevi no doutorado, além da prova que realizei, apresentei um anteprojeto que foi julgado e aprovado pela banca quanto ao grau de originalidade e capacidade de ser executado com sucesso. Ao passarem-se três anos de doutorado, fui surpreendido com uma publicação com o mesmo objetivo do meu estudo. Vejo que originalidade é quase impossível, pois podem publicar durante o tempo que estamos pesquisando".

O relato do jovem doutorando mostra um déficit na ciência referente à publicação científica. Afinal, não pesquisamos para publicar, publicamos porque pesquisamos.

O objetivo de um anteprojeto de tese de doutorado é selecionar os melhores alunos para entrar no doutorado e orientá-los sobre a pesquisa a ser desenvolvida. O que for publicado, caso tenha realmente potencial para isso, serão os resultados ou alguns deles.

Uma tese de doutorado, assim como qualquer pesquisa, terá diversos resultados, e você publicará apenas aqueles que merecem, nada de mais do mesmo. Neste momento, você já notará quais os resultados que desencadearão a originalidade da pesquisa, isto é, tamparão os buracos científicos e contribuirão para a evolução da ciência.

Mas conquistar a originalidade não é o único obstáculo que implica o sucesso ou insucesso de um artigo ou qualquer texto científico. Tem algo mais obscuro para muitos: a forma adequada de escrever.

Escrever um artigo científico quando se deve é colocar na tela do computador uma história lógica, ordenada e com ritmo.

5. PUBLICAR É PRECISO, MAS QUANDO SE DEVE

> "Existe apenas um bem,
> o saber, e apenas um
> mal, a ignorância."
>
> **Sócrates**

A publicação de resultados em revistas científicas melhora a autoridade de um pesquisador e de qualquer profissional. Atualmente, com o *boom* dos influenciadores digitais, criar conteúdos científicos melhora a imagem, e o autor se torna referência no assunto. Aqueles que não são pesquisadores profissionais também se favorecem com a publicação de um artigo, seja em blogs, seja em revistas científicas.

Erico Rocha, um dos maiores especialistas em marketing digital e empreendedorismo do Brasil, em seu vídeo intitulado "Diploma e tempo de serviço geram autoridade?" disponível no YouTube, alerta que, hoje em dia, ao se balançar uma árvore, cairão diplomas. De fato, atualmente é mais fácil conquistar um diploma acadêmico do que há alguns anos. Mas diplomas não garantem emprego nem sucesso profissional.

Ele recomenda ir além dos diplomas para nos diferenciar no mercado. A autoria de um artigo científico é uma ótima forma para fazer você se destacar em relação aos outros. Veja os concursos públicos, residências e entrevistas de emprego: normalmente, o candidato que tem artigos científicos publicados ganha mais pontos.

Além disso, a publicação é um dos melhores métodos didáticos para divulgar uma grande informação que ajudará a sociedade. Ao publicar um bom artigo, você contribuirá de forma eficiente para a evolução da ciência: por exemplo, para a cura de uma doença, um novo método de avaliar algum material, criação de um novo indicador de alerta, criação de equipamentos etc. Contribui para resolver problemas. Publicar é preciso!

Uma linha de pesquisa é semelhante a uma longa rodovia que apresenta buracos. Os buracos nas rodovias são algo péssimo, pois diminuem a velocidade de carros, provocam quebras, danos aos motoristas, acidentes etc. Os artigos científicos tamparão os buracos científicos da rodovia chamada linha de pesquisa. Quanto mais buracos científicos tampados, melhores condições nas linhas de pesquisa.

O universo da ciência é infinito: falta testar diversas hipóteses, explicar diversos fenômenos e repassar as informações encontradas a todos. Falta também criar perguntas adequadas. Perguntas movem a sociedade!

Quando entrei na faculdade de Fisioterapia, sonhava me tornar um cientista. Abandonei outros cursos universitários e investi pesado nesse sonho. Busquei cursos e livros de metodologia científica, dicas de pesquisadores relevantes e fui logo tentando publicar em anais de congressos. As publicações começaram a aparecer.

Mas, certo dia, no meu terceiro ano, toda a empolgação caiu por terra. Uma professora da faculdade, ao ler o meu texto, falou na frente dos meus colegas de turma que eu escrevia mal e que não teria sucesso se seguisse em busca do mestrado e doutorado. Eu devia esquecer as publicações e atuar na clínica.

Fiquei triste, muito triste, mas por apenas cinco segundos. Não valia a pena ficar nessa *vibe* tão ruim. Ela adotava um método tradicional de escrita científica e eu, um método mais semelhante ao da nova era da escrita científica. Mas de uma coisa eu não podia correr e deixar para lá: para ela, o meu texto não era bom.

Agradeci pela avaliação dela, mas escolhi continuar estudando e dando o meu melhor para descobrir como escrever para todos. Amadureci muito no processo da escrita, mas, depois de alguns anos, passei por algo semelhante.

Escrevi um artigo, submeti à primeira revista de minha escolha e levei logo uma rejeição. Enviei para a segunda, com estilo bem semelhante ao da primeira revista, e outra rejeição. Mandei para a terceira e nada.

Os meus resultados eram originais e supostamente valiosos, mas parecia que nenhum editor via isso. Eu precisava mudar um pouco a forma como estava escrito o meu artigo. Pesquisei mais sobre escrita e mudei um pouco o texto.

Então, mandei para uma revista da grande editora Nature. O fator de impacto era bem maior e o nível de rejeição também. Podia ser outra rejeição em tempo recorde, mas eu tinha uma esperança, pois a Nature foi uma das editoras que iniciou e difundiu o processo da "nova era da escrita científica".

Eles visualizaram o valor da pesquisa. Fiz algumas mudanças no texto sugeridas pelos revisores e pronto, artigo publicado e lido por milhares de pessoas. Aprendi muito com os revisores da Nature, principalmente, a expor de forma adequada o que se deve publicar. Por isso, recomendo submeter os seus artigos, também, a grandes revistas.

De cientista e louco, todo mundo tem um pouco. Mas publicar, só quando se deve – isto é, quando temos resultados que valem a pena, que realmente tamparão os buracos científicos. Publicamos porque pesquisamos, não pesquisamos só para publicar.

Então, além de saber escrever, você terá que ter uma boa noção do cenário da sua linha de pesquisa. Para isso, deve saber ler corretamente os artigos científicos.

6. COMO LER CORRETAMENTE UM ARTIGO CIENTÍFICO?

> "A leitura traz ao homem plenitude, o discurso, segurança, e a escrita, precisão."
>
> **Francis Bacon**

Ler abre horizontes, esclarece, motiva... É um mundo encantador de crescimento em todos os campos para o ser humano. No meio acadêmico, a leitura é essencial!

A leitura é uma dos principais pedaços de lenha que mantêm acesa a grande fogueira da ciência. Assim como qualquer fogueira que consome as lenhas, a ciência também necessita cada vez mais de novas lenhas para crescer, isto é, necessita de mais leituras, boas leituras. Escrever artigos científicos sem saber lê-los é como se enxugar antes de tomar banho. Você pode até fazer, mas está na ordem errada.

Para atingir seu fim, a leitura de artigos científicos precisa acontecer da forma correta. Os artigos científicos podem ter figuras e tabelas, material suplementar, protocolos, fórmulas e equações, até mesmo sequências de genes. Tudo isso pode deixar a leitura bem cansativa e complexa.

Além disso, o tempo de atenção humana diminuiu. Segundo a literatura científica, era de duas horas, passou para 20 minutos e atualmente se fala em oito minutos.

Por isso, recomendo usar a técnica Pomodoro para treinar a leitura e gerenciar melhor o tempo (há aplicativos para smartphones, como Focus Keeper e Focus To-Do).

Pegue um cronômetro, lápis e caderno de anotações.

Inicie a leitura por 25 minutos, de acordo com a sequência que ensinarei, e tome nota de tudo que tire a sua concentração.

Ao tocar o alarme, descanse por cinco minutos. Ande, beba água ou vá ao banheiro.

Após cinco minutos, retome a leitura por mais 25 minutos.

Complete esse ciclo de 25 minutos de leitura com cinco minutos de descanso até fazer quatro séries de 25 minutos de leitura. Após a quarta série de 25 minutos, descanse por 30 minutos.

Retorne ao ciclo 25 minutos de leitura com cinco de descanso.

Convém anotar tudo o que tira a sua atenção nesse processo. Você verá que algumas coisas são os principais sabotadores. Afastá-los o ajudará na sua disciplina e a manter o foco.

Desde que iniciei a prática da redação, os professores me falavam que, para escrever bem, é necessário ler bastante. Quando questionei o professor Ph.D. Renan Moritz Varnier Rodrigues de Almeida qual é o segredo para alcançar o sucesso na escrita científica, ele respondeu: ler e escrever. O professor Almeida recomenda ler artigos na sua área e em áreas correlatas, com constância e consistência, sem se apegar ao volume de leitura. Além disso, ele revelou que é necessário o escritor sempre escrever algo, não apenas quando precisa. Seja por meio de notas e ideias, seja pela produção de pequenos textos, sem se ater à qualidade, até o escritor ganhar ritmo e isso se tornar um hábito.

Então, nesse sentido, recomendo que para escrever bons artigos científicos é necessário ler bons artigos científicos e de forma adequada. O interessante é que muitas vezes, por não sabemos realizar uma boa leitura, não identificamos os bons artigos nem os bons trechos em artigos razoáveis.

Com o passar do tempo, a experiência torna a leitura de artigos mais fácil, mas não podemos deixar de atentar a que esta é uma tarefa complexa. Em uma busca rápida no Google, utilizando a expressão "como ler um artigo científico?", já se percebe que é um tema que desperta o interesse de muitos.

São milhares de blogs, apostilas, livros e artigos que buscam nos ensinar. Então, desejando melhorar a minha leitura, fui conhecer os melhores métodos utilizados pelos revisores de grandes revistas científicas.

Passei meses nessa missão, pesquisando, entrevistando editores e revisores e resumindo materiais científicos sobre o assunto. Porém, antes de tudo, recomendo a você que busque criar o seu próprio método. Não recomendo seguir rigorosamente modelos ditados por pesquisadores mais experientes por toda a sua vida, mas apenas atentar para os principais cuidados necessários apontados por eles; com o tempo, você ajustará o método ao seu perfil.

Lembra-se do período escolar? Quando realizávamos avaliações de interpretação de texto, normalmente, a prova tinha um texto para leitura logo no início, seguido das perguntas referentes a ele. Automaticamente, líamos os textos no início da prova e depois as perguntas; mas, logo após as perguntas, nós não nos sentíamos seguros em responder às questões e precisávamos ler novamente o texto.

Outros alunos, tentando não perder tempo nesse processo, fazem uma leitura cuidadosa do texto já grifando partes que julgam importantes. Mesmo assim, muitos, ao chegarem às perguntas, sentem necessidade de retornar ao texto, pois acreditam que não leram com a devida atenção. Perdíamos tempo, e isso prejudicaria a leitura, devido ao cansaço e insegurança.

O problema apresentado aqui não é ler ou não com atenção, pois acredito que a maioria dos alunos que realizam essas provas as leem com atenção; o problema é que as perguntas vêm depois do texto. Experimente conhecer as perguntas e depois ir para o texto. O seu cérebro já fica "aquecido" e condicionado a encontrar as possíveis respostas. Então, uma das melhores dicas que há para fazer uma boa leitura de um artigo científico é conhecer, primeiramente, as perguntas necessárias que devemos fazer para cada seção do artigo e, assim, buscar encontrar as respostas.

"Falar sobre determinado artigo e responder a perguntas é a melhor maneira de aprender o material" (Lina Avancini Colucci – Ph.D.; Harvard--MIT Health Sciences and Technology [HST] Program).

Após a minha pesquisa, encontrei diversas dicas e perguntas estratégicas que nos auxiliam na leitura adequada do artigo científico. Então, integrei tudo, estudei e apresento a você os cinco passos que o orientarão para que realize uma leitura crítica, questionando as hipótese e descobertas.

1. Credibilidade/autoridade: é necessário avaliar a fonte do artigo, ou seja, os autores. Você não buscará receitas de bolos com a sua prima de três anos de idade, a não ser que deseje comer bolos de terra, não é? Veja quem são os autores, pesquise o currículo deles, veja o número de publicações relacionadas ao tema que você busca, em

que os autores publicam as suas pesquisas, número de visualizações e citações das publicações e o tempo de experiência na linha de pesquisa do seu interesse.

Com o nome do autor, pesquise pelo perfil dele em alguns sites internacionais e nacionais como:

- Google Scholar (https://scholar.google.com).
- ResearchGate (https://www.researchgate.net).
- Publons (http://publons.com).
- Currículo Lattes (http://lattes.cnpq.br) – Para pesquisadores brasileiros.

Mas não caia no erro do preconceito científico. Muitos autores no início de carreira e de universidades com pouca expressividade científica geram bons artigos. Não os exclua da sua lista de leitura só por causa da ausência de um currículo robusto. O mesmo alerta deve ser expandido para a revista científica da publicação. Por falar em revistas científicas, passaremos para o próximo cuidado.

2. Revista que publicou o artigo: de certa forma, este segundo cuidado está bem ligado ao primeiro, mas, devido a uma peculiaridade bem alarmante, deixei-o separado. Temos um lado obscuro na ciência, o que chamamos de *trash science*. Este termo reúne diversas má-condutas científicas, inclusive as revistas predatórias. Essas revistas não realizam a devida revisão criteriosa para publicar os artigos e, infelizmente, muitos artigos de baixa qualidade são publicados. Pesquise na internet (em específico, no site Preda Qualis [https://predaqualis.netlify.app]) se o nome da revista do artigo que você está interessado em ler está em alguma lista de revistas predatórias.

Além disso, veja se o artigo que você deseja ler recebeu retratação e qual foi o motivo, em caso positivo. Você não usará nas referências um artigo retratado, mas convenhamos, se o artigo é bom e foi retratado, por exemplo, por um problema de autoria, ainda vale a pena lê-lo. Normalmente, os artigos são retratados devido a: erros, problemas de autoria (por exemplo, esquecimento de autores), plágio, duplicação da publicação e fabricação de dados.

3. Passe a vista no artigo: sem se aprofundar muito, leia o título, a data de publicação, as palavras-chaves, figuras, tabelas, revistas das referências utilizadas e em uma leitura superficial, porém completa, marque o que não compreendeu e o que logo chamou a sua atenção na sequência das seções apresentadas no texto. Agora, levante-se e vá tomar um café, chá ou chocolate quente antes de passar para a próxima etapa.

4. Releia o artigo: para mim, é nessa fase que você perceberá a diferença entre a má leitura e a boa leitura. Após relaxar e com a mente preparada, faça uma nova leitura. Anote as respostas das perguntas que logo apresentarei a você. Desta vez, a leitura das seções deve ser realizada de forma estratégica, diferente da sequência normalmente publicada (resumo, introdução, materiais e métodos, resultados, discussão e conclusão) e associada à busca de informações específicas. Isso treinará o seu cérebro para fazer leituras detalhadas, críticas, reflexivas e escrever melhor os artigos. Veja a sequência e as informações específicas que você precisa buscar ao ler cada seção:

- **Resumo:**

Qual é a ideia geral do estudo?
_____
_____
_____

Qual é o problema estudado?
_____
_____
_____

Qual é o objetivo da pesquisa para "combater" o problema (possível solução)?
_____
_____

- **Conclusão:**

A conclusão responde de forma direta e clara ao objetivo da pesquisa?
_____
_____
_____

A leitura da conclusão, logo no início, ajudará a entender se o objetivo da pesquisa, presente no resumo, foi alcançado e se a pesquisa é de seu interesse.

- **Introdução:**

Qual é o principal problema apresentado na pesquisa?
_____
_____
_____

O problema estudado o motivou a ler a pesquisa?
_____
_____
_____

Qual é o cenário atual?
_____
_____
_____

Qual buraco na ciência a pesquisa completará?
_____
_____
_____

Há pesquisas anteriores que tentaram contribuir para a solução do problema?
_____
_____
_____

As pesquisas anteriores contribuíram para aumentar a necessidade de se fazer novas pesquisas?
_____
_____
_____

Qual a originalidade da pesquisa?
_____
_____
_____

Qual a pergunta do estudo, ou seja, o objetivo da pesquisa?
_____
_____
_____

- **Resultados:**

Os resultados realmente contribuem para responder à pergunta do estudo?
_____
_____

Os resultados encontrados apresentam relevância para o problema estudado? Interprete os achados.
_____
_____

Você deve examinar gráficos, figuras e tabelas cuidadosamente, sem deixar que a interpretação feita pelos autores influencie a sua. Os gráficos, figuras e tabelas são autoexplicativos?
_____
_____

O processamento dos dados foi adequado?
_____
_____

Crie hipóteses das possíveis conclusões e o que se espera na discussão. Isso o ajudará avaliar corretamente o que os autores escreveram.

- **Materiais e métodos:**

O tamanho da amostra proposta a ser estudada é representativo da população estudada? Por exemplo, em uma universidade onde há 500 alunos, será que estudar apenas cinco deles para responder a algo relacionado a essa população garantiria uma boa conclusão?
Há diversos softwares e sites que podem ajudá-lo a responder a essa pergunta.
Veja os sites *Surveymonkey* (https://pt.surveymonkey.com/mp/sample-size-calculator/) e o software Bioestat (https://www.mamiraua.org.br/downloads/programas/) para calcular o tamanho amostral.

_____
_____
_____
_____

É possível reproduzir o estudo?
_____
_____

Todos os detalhes para a reprodução do estudo foram descritos de forma clara e direta?
_____
_____

Os passos para a realização da pesquisa estão de acordo com o rigor científico?
_____
_____

O método realizado garante sempre os mesmos resultados encontrados?
_____
_____

- **Discussão:**

Os autores justificam os métodos e resultados?
_____
_____
_____

As informações no texto que não estavam claras foram esclarecidas?
_____
_____
_____

Ficou claro o posicionamento dos autores após encontrarem os resultados?
_____
_____
_____

Ficou clara a contribuição do estudo para o avanço da ciência?
_____
_____
_____

As limitações do estudo foram expostas pelos autores?
_____
_____
_____

5. Analise o viés do artigo. Afinal, devemos conhecer a reprodutibilidade daquilo que estamos lendo. Analise o delineamento, a coleta de dados e como as análises foram realizadas e expostas.

Caso queira conhecer melhor como analisar o viés de artigos específicos para cada tipo de estudo, veja:
- Ensaios clínicos randomizados:
  https://sites.google.com/site/riskofbiastool/welcome/rob-2-0-tool
- Ensaios clínicos não randomizados de intervenções:
  https://sites.google.com/site/riskofbiastool/welcome/home

- Revisão sistemática: https://mcguinlu.shinyapps.io/robvis/

Caso existam palavras ou conceitos que você não conhece ou que não ficaram claros após a leitura do texto, encare como uma oportunidade para aumentar seus conhecimentos. Pesquise na internet ou, até mesmo, envie e-mails aos autores.

Com todas as respostas e anotações dos cinco passos para uma leitura crítica de artigos científicos e mais o título do artigo, você terá uma resenha dele. Assim, caso precise do texto novamente, você se lembrará mais rápido de todo o estudo.

Veja que essas perguntas constituirão parte do checklist para a escrita de sucesso do artigo, ou seja, **o próprio texto deverá também responder a todas essas perguntas.**

Recapitulando

Para ler corretamente um artigo você precisa:

1. Analisar os autores.
2. Analisar a revista.
3. Passar a vista no artigo/leitura superficial.
4. Reler o artigo profundamente seguindo a ordem: resumo, conclusão, introdução, resultados, materiais e métodos, discussão.
5. Avaliar o artigo quanto ao viés e criar uma resenha.

Com o passar do tempo, a experiência torna a leitura de artigos científicos mais fácil e você criará um método próprio.

7. ESCRITA CIENTÍFICA ENVOLVENTE

> "Diga-me e eu esquecerei,
> ensine-me e eu poderei lembrar,
> envolva-me e eu aprenderei."
>
> **Benjamin Franklin**

Você já deve ter escutado que, para ser notado, deve apresentar algo que chame a atenção do público-alvo. Para o universo da ciência, o público-alvo é cada habitante do mundo, ou seja, não existe bem essa diferença entre dois grupos, um público-alvo e um público não alvo.

O que temos são dois subgrupos: um grupo especialista (que está diretamente envolvido no meio acadêmico) e outro não especialista (não envolvido diretamente no meio acadêmico). Mas todos são alvos e podem se sentir atraídos pelos resultados presentes no seu artigo científico.

Você escreverá para alcançar o grupo especialista primeiro. Toda linha de pesquisa tem um perfil, e você conhecerá esse perfil por meio dos três autores mais importantes e os cinco artigos mais relevantes da sua área. Depois, o objetivo é alcançar o grupo não especialista. Aqui está o problema – como eu disse anteriormente, ler um artigo pode ser uma tarefa complexa, principalmente para quem não é da área.

O desafio maior reside na forma como o artigo é escrito. Isso afasta muitos leitores. Não é à toa que muitas pessoas que não são pesquisadoras têm ganhado mais seguidores explicando a ciência do que os próprios cientistas que doam a vida para o progresso da ciência. Assim, você deve escrever da maneira mais acessível possível, sem perder o rigor científico. Nada de palavras eruditas, mas também não apele para palavras coloquiais (gírias, neologismos e abreviações). O uso de figuras, esquemas e protocolos ajuda muito para o entendimento de todos.

Escrevemos sobre o que sabemos e para alguém. Os livros sobre escrita sempre destacam esses dois pontos. Desse modo, deixe claro no artigo o seu posicionamento. Além disso, para facilitar o início da escrita, recomendo que você imagine para quem está escrevendo, o que facilitará na hora de abordar ou não alguns pontos.

Imagine-se explicando a sua pesquisa para a banca de avaliação, para os avaliadores da revista em uma roda amigável ou, até mesmo, para mim (na orelha do livro tem uma foto minha bem legal para facilitar o processo... risos). Além disso, lembre-se de que o tempo de atenção diminuiu, como já mencionei e que você terá que escrever de tal modo que prenda a atenção dos leitores. Para isso, seja simples, direto e claro no artigo.

Os pesquisadores norte-americanos, os grandes produtores de conhecimento científico do mundo, proferem que a dica de ouro para um pesquisador dominar a escrita científica, é utilizar o princípio Kiss. Esse acrônimo significa: *Keep it simple, stupid!* [Mantenha simples, idiota!].

Quando viajo, gosto de pegar a revista da companhia que fica naqueles bolsões da cadeira do avião para ler. Curto ver essas revistas, pois têm curiosidades que nos incentivam a viajar para locais que nunca desejamos. Passamos a nos imaginar nesses lugares.

Elas são "BBB": **b**em informativas, **b**em estruturadas e **b**em diretas, não dão tempo para você respirar. São tão bem-escritas, essas reportagens! As companhias aéreas conquistam muitos clientes e leitores assim.

O modelo de escrita científica de hoje é semelhante às estratégias dessas revistas. Você deve fazer o leitor se envolver com o artigo, não importa o tema do estudo. Ciência é para todos e está cada vez mais interdisciplinar.

As companhias aéreas não conhecem você, não sabem por que você está viajando, mas o fazem imaginar-se viajando para aqueles lugares. Essas reportagens são escritas para o chamado "público-alvo" (os que desejam viajar), mas fazem o "público não alvo" (os que não estão organizando uma nova viagem) ler de forma natural a ponto de se sentir como "público-alvo". Elas conquistam os dois grupos de leitores porque o "público-alvo" e "público não alvo" têm uma característica em comum: estão com as mãos na revista.

Anderson Cavalcante, um dos maiores editores de livros do Brasil, revelou que, diante de tantos livros expostos nas livrarias, a meta inicial é fazer o leitor segurar o livro. Comprar o livro é outra meta. Da mesma forma, a sua meta inicial é fazer o público ler o título do artigo científico. Ler artigos é comprar artigos. É investir o seu precioso tempo em uma leitura.

Critérios para escolher um artigo científico para ler

É impossível ler tudo o que é publicado para se manter atualizado. Eu uso a ferramenta do Google Alerts (www.google.com.br/alerts) para fazer a primeira filtragem do que devo ler para me manter atualizado sobre alguns temas acadêmicos.

Para criar um alerta no Google Alerts, basta cadastrar a palavra-chave relacionada ao seu tema, clicar em "mostrar opções" para configurar origem, quantidade e tipo das informações, idioma, frequência, informar o seu e-mail para receber as notícias e, por fim, clicar em "criar alerta". Você receberá por e-mail as informações que entraram no Google. São milhares de informações que não consigo ler. Tenho de escolher as que julgo mais importantes.

Cada um tem um método próprio para se manter atualizado e usa diversos critérios para escolher o estudo que lerá. O consumidor de artigos científicos de hoje é bem mais seletivo. Assim, me senti interessado em entrevistar leitores direta e indiretamente envolvidos no meio acadêmico a fim de descobrir o que levam em consideração para escolher um artigo científico para a leitura.

Desse modo, perguntei aos entrevistados: diante da necessidade de selecionar alguns artigos científicos de qualquer assunto, o que o leva a escolher um artigo científico em detrimento de outro? Quais os critérios e a ordem de importância?

O resultado foi:

Público diretamente envolvido no meio acadêmico
1º - título do artigo.
2º - a revista em que foi publicado.
3º - nomes dos autores.

O nome do autor é muito importante no meio científico, o que se comprova por estar em terceiro lugar nessa lista. Não apenas os "gênios" são reconhecidos pelos os outros pesquisadores no meio científico. Sim, existem os nomes mais populares, que são autoridades em determinada área de conhecimento, porém o campo de nomes de conhecidos é mais amplo. Os leitores podem até não conhecer pessoalmente determinado pesquisador, mas o conhecem pelo nome, já devem ter lido algum artigo ou esbarrado com ele nas listas de pedidos de revisão de artigos científicos. O relacionamento científico é um pouco diferente dos demais.

Nos congressos científicos, é comum presenciarmos as "panelinhas científicas" se formando. Essas panelinhas são compostas por grupos de cientistas que se conhecem há anos, que dividiram diversas vezes a banca de avaliação de dissertações e teses, colaborações, que estão no congresso trocando conversas (nem sempre nerds), mas, quando esses grupos descobrem, pelo nome, que um tal pesquisador – autor de um *paper* interessante ou que citou alguém do grupo em um *paper*, ou fez algum comentário no *ResearchGate* ou *Publons* – está passando pelo corredor, de forma cômica os olhos se viram para saber como ele é.

Já era esperado que o nome da revista entrasse nessa lista: o público diretamente envolvido no meio acadêmico sabe que algumas revistas têm mais credibilidade que outras. O título se apresenta por si só, é quase impossível alguém não iniciar a leitura por ele.

Público indiretamente envolvido no meio acadêmico
1º - título do artigo.
2º - universidade e país de origem dos autores.
3º - a revista em que foi publicado.

Este grupo, apesar de consumir conhecimento científico, não está tão familiarizado com alguns pontos-chave de valor para comunidade acadêmica. Ou seja, normalmente não sabe quais são os artigos científicos com a melhor notoriedade científica ou quais são os autores mais reconhecidos com maior autoridade naquele determinado tema, embora essas informações sejam facilmente encontradas na internet, por meio dos sites *ResearchGate*, *Publons* e *Currículo Lattes*. Mas uma interpretação um pouco equivocada pode arruinar uma determinada análise.

O público indiretamente envolvido no meio acadêmico se encantou pelo país de origem da revista. Fica a impressão de que o que é valioso é "o que vem de fora" e a revista internacional representa maior valor que uma revista brasileira. Isto é um engano.

Há diversas revistas internacionais com menor credibilidade científica que as brasileiras. O mesmo acontece com a naturalidade dos pesquisadores: muitos acreditam que pesquisadores internacionais são melhores que pesquisadores nacionais. Pura bobagem. Tivemos e temos grandes cientistas nacionais com representatividade e credibilidade científica bem maior do que muitos cientistas de fora do Brasil.

Para os dois públicos, o título foi o mais importante. Você precisa construir títulos científicos que conquistem a atenção de leitores direta e indiretamente envolvidos no meio acadêmico. Um bom título é informativo ou instigante e utiliza palavras adequadas (que representam a pesquisa).

Porém, sempre alerto aos meus orientandos ou àqueles que participam dos meus cursos e palestras que a leitura do título, mesmo sendo convincente, não é garantia de que o leitor lerá o artigo. Um título convincente conquistará apenas uma batalha, isto é, garantirá que o leitor lerá o resumo. Apenas após a leitura do resumo, o leitor decidirá se lerá ou não outra parte do artigo. Escreva o resumo estruturado para ficar mais clara a sua ideia e a fluidez das informações, mas seja breve. Mostre as principais informações de cada seção de modo que o resumo fique bem curto e use palavras-chaves tanto no resumo quanto na seção dedicada a elas, de tal modo que completem as informações do título.

Um artigo científico sobre doenças na população idosa que cai nas mãos de uma jovem de 18 anos ativa um dos dois principais possíveis sentimentos:

1. A jovem se sente membro de uma população totalmente diferente do estudo. Logo, não se interessa pelo artigo.
   ou
2. A jovem, mesmo sabendo que não faz parte dessa população do estudo, vê que um dia fará ou conhece alguém que faz. Logo, se interessará em ler o estudo.

É de acordo com a lógica número 2 que temos que escrever os artigos científicos. Para isso, você deve trabalhar pelo menos dois campos da personalidade do leitor, dentre os lados financeiro, emocional ou político--social.

Além disso, temos outro ponto importante a considerar: o cenário e o perfil dos consumidores de artigos científicos mudaram.

O número de consumidores ampliou e esses têm o desejo em adquirir conhecimento no menor tempo possível, sem enrolação. Mais do que nunca, de acordo com o corre-corre da nossa época, tempo é dinheiro. Logo, as informações contidas no artigo devem ser diretas e claras, mas com ritmo.

Quero alertar que você pode e deve fazer o leitor participar do artigo científico. Algumas seções são mais propensas a isso, como introdução, materiais e métodos e discussão.

Existe um padrão nos artigos científicos de sucesso. De acordo com a nova lógica da escrita científica, todo artigo deve criar a sensação de colaboração com os leitores, o que influenciará em maiores números de leituras, compartilhamentos, discussões científicas e enfim, contribuirá para maior aceitação pelos leitores. Assim, expande-se com mais facilidade o conhecimento daquela publicação, contribuindo, quem sabe, para a criação de novos produtos, indicadores de alerta e modificações no ensino.

Falei anteriormente que a linha de pesquisa é semelhante a uma estrada e que você deve segurar na mão do leitor. Pense comigo, se você sair correndo nessa estrada, o leitor cansará e não gostará, assim como se você andar muito lentamente, o leitor pode desistir da leitura.

No artigo científico, não podemos meter os resultados goela abaixo do leitor e também não podemos servir uma sopa com garfos. Você deve encontrar um ponto adequado. Há horas de correr e horas de descansar. Isso é o ritmo na escrita.

A falta de ritmo é a principal causa da desistência na leitura, pois o artigo fica chato, truncado e difícil de ler. A maioria dos artigos é escrita sem esse cuidado e muitos autores desconhecem como isso pode ser conquistado.

Uma boa forma de dar ritmo ao texto é intercalar frases curtas (até seis palavras), médias (entre sete e catorze palavras) e longas (entre quinze e 25 palavras). Mais de 25 palavras em uma frase deixam o texto muito longo e o leitor pode se perder e não compreender a informação. Segundo Vinicius de Moraes, frequentemente uma frase longa nada mais é que duas curtas (Moraes, 2010).

The Golden Circle

No TEDTalks, há milhares de apresentações fantásticas, com duração média de 15 minutos. Eles utilizam um modelo que proporciona o envolvimento dos ouvintes e uma experiência fascinante juntamente com o aprendizado.

Os artigos científicos devem ser semelhantes ao TEDTalks e falar com todos os tipos de leitores. Nessas palestras, primeiro o palestrante conquista a confiança da plateia e depois mostra a competência dele.

Você já assistiu a alguma palestra nesse formato? A plateia apresenta um semblante feliz ao ouvir cada palavra. Ela aprende muito conteúdo de forma suave, prazerosa e com ritmo.

Para criar uma experiência semelhante, você usará também um dos métodos utilizado pelo TEDTalks, que também é utilizado por grandes marcas como a Apple, o *Golden Circle*, de Simon Sinek, autor dos best-sellers *Comece pelo porquê* e *Encontre seu porquê*.

Siga o protocolo:

1. Por quê: apresente o cenário, propósito, motivação de fazer a pesquisa. Isso estará presente na sua introdução e uma parte na discussão.
2. Como: será o seu plano de ação. Isso estará presente em materiais e métodos.
3. O quê: é a solução. Isso estará presente nos resultados, discussão e, principalmente, na conclusão.

Esse método impõe um ritmo lógico para análise dos leitores.

O primeiro e segundo passos conquistarão a atenção e confiança do leitor. Aqui, trabalharemos a nível de sistema límbico, o lado emocional e instintivo do leitor. O terceiro passo mostrará o seu posicionamento, o que você descobriu, logo, a sua competência. Assim, estimularemos o neocortex, que é a região mais analítica e racional do leitor.

Segundo Amy Cuddy, pesquisadora, professora da Harvard Business School e autora do livro *O poder da presença*, qualquer um se faz duas perguntas logo no primeiro contato com alguém. Primeiro, devo confiar nessa pessoa? Segundo, devo respeitar essa pessoa? Desse modo, os leitores buscarão primeiro a confiança e lealdade em você. Apresente, adequadamente, o cenário (problema e pesquisas anteriores) e o passo a passo (método) com bons argumentos e com respaldo de boas pesquisas anteriores.

Vale a pena ressaltar que, quando escrevemos considerando o "porquê", "como" e "o quê", conversamos com os três tipos de leitores. De uma forma simplificada, o cérebro do leitor é dividido em três regiões: uma emotiva, uma racional e uma instintiva (prática). Cada leitor tem uma região mais aflorada do que a outra. Como você não sabe quem lerá o seu artigo, escreva para todos eles.

Além disso, a escrita científica não pode ser chata, ou leitor pode desistir. O artigo deverá apresentar *booms*, que acordam o leitor em momentos adequados e, também, contribuem para o ritmo na escrita.

Os *booms* seriam os momentos de queda de um carrinho na montanha-russa (mais à frente você aprenderá o método da montanha-russa).

Assim, o artigo científico pode ser escrito em cinco atos, semelhante aos roteiros de filmes de grande bilheteria. Cada ato corresponde a uma seção e cada seção responderá de forma direta a perguntas que garantem o rigor científico e informações adequadas peculiares de sua seção.

Recapitulando

Características do público consumidor de artigos científicos:
- Tem que se manter atualizado.
- Não tem tempo para ler tudo.
- Perde a atenção com facilidade.
- Tem muitas opções de leitura.
- Mais seletivo.

Solução para conquistar esse leitor:
- Escrita científica envolvente.

Como escrever cientificamente de modo envolvente?
- Construa bons títulos informativos ou instigantes e com palavras adequadas.

- Escreva resumos curtos e informativos.
- Use palavras-chaves que completam o título.
- Faça o público perceber que a pesquisa tem valor para ele.
- Escreva com fluidez por meio dos cinco atos (mais à frente você aprenderá o método da montanha-russa).
- Escreva de forma direta e clara.
- Busque conquistar a confiança em primeiro lugar. Mostre: o porquê – problema (cenário) e vontade de solução (objetivo); o como – o método utilizado com respaldo de pesquisas anteriores; o quê – principais resultados, discussão e conclusão.

8. FORMATAÇÃO

> "Uma preparação adequada é a chave para o sucesso."
>
> George S. Clason

Infelizmente, muitos pesquisadores perdem muito tempo formatando a sua pesquisa. São muitos detalhes, tamanho, tipo de fonte, alinhamento, espaçamento e ainda tem a formatação das referências. Para TCC, são mais regras e diversas listas que tirarão noites de sono. Não perca tempo com isso no decorrer da redação. O tempo tem que ser investido mais na escrita propriamente dita do artigo.

Formatar antes o documento que receberá o artigo é o melhor caminho para poupar todo esse trabalho e tempo.

Para isso, iniciaremos com o Word.

1. Em um documento novo, escreva as seções do seu artigo. Por exemplo: título, autores, resumo, *abstract*, introdução, materiais e métodos, resultados, discussão, conclusão, agradecimentos e referências.

2. Com o cursor, marque cada uma das seções e clique no estilo "Título 1".

[screenshot: janela do Word mostrando seções Título, Autores, Resumo, Abstract, Introdução, Materiais e métodos (marcado), Resultados, Discussão. Anotações: "1º Marque a seção." e "2º Clique em 'Título 1'."]

3. Digite, entre cada uma das seções, "Escreva aqui". No "Escreva aqui", você escreverá o seu artigo propriamente dito.

Semelhante ao segundo passo, marque o "Escreva aqui" e clique no estilo "Normal". Faça isso para todos. Convém ressaltar que você pode escolher qualquer outro estilo, diferente de "Normal", e bastará configurar de acordo com as normas da revista.

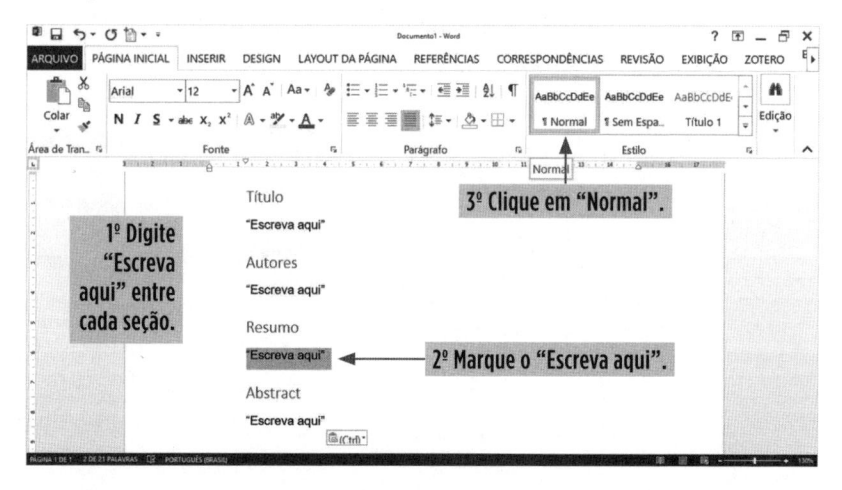

[screenshot: janela do Word com "Escreva aqui" entre as seções. Anotações: "1º Digite 'Escreva aqui' entre cada seção.", "2º Marque o 'Escreva aqui'." e "3º Clique em 'Normal'."]

4. Por último, configuraremos o "Título 1" e o "Normal" de acordo com as normas da revistas ou da universidade. Por exemplo, a norma da revista que você submeterá o seu artigo é:
   - Fonte dos títulos de cada seção: Arial 14 – cor preto.
   - Espaçamento: 1,5.

- Alinhamento: justificado.
- Fonte das letras no corpo do texto: Arial 12 – cor preto.

Siga o passo a passo:

1. Clique com o botão direito do mouse em "Título 1" e clique em "modificar".

2. Ajuste cor, tamanho e tipo da fonte e clique em "formatar" > parágrafo.

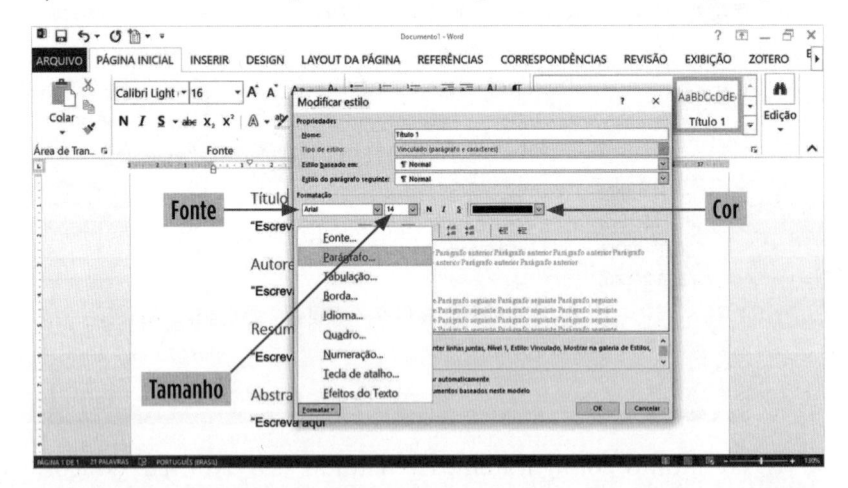

3. Faça os outros ajustes, a saber, espaçamento entre linhas, recuo da primeira linha, alinhamento, de acordo com a norma que você deve seguir.

4. Clique "OK" nesta janela e na próxima. Pronto.

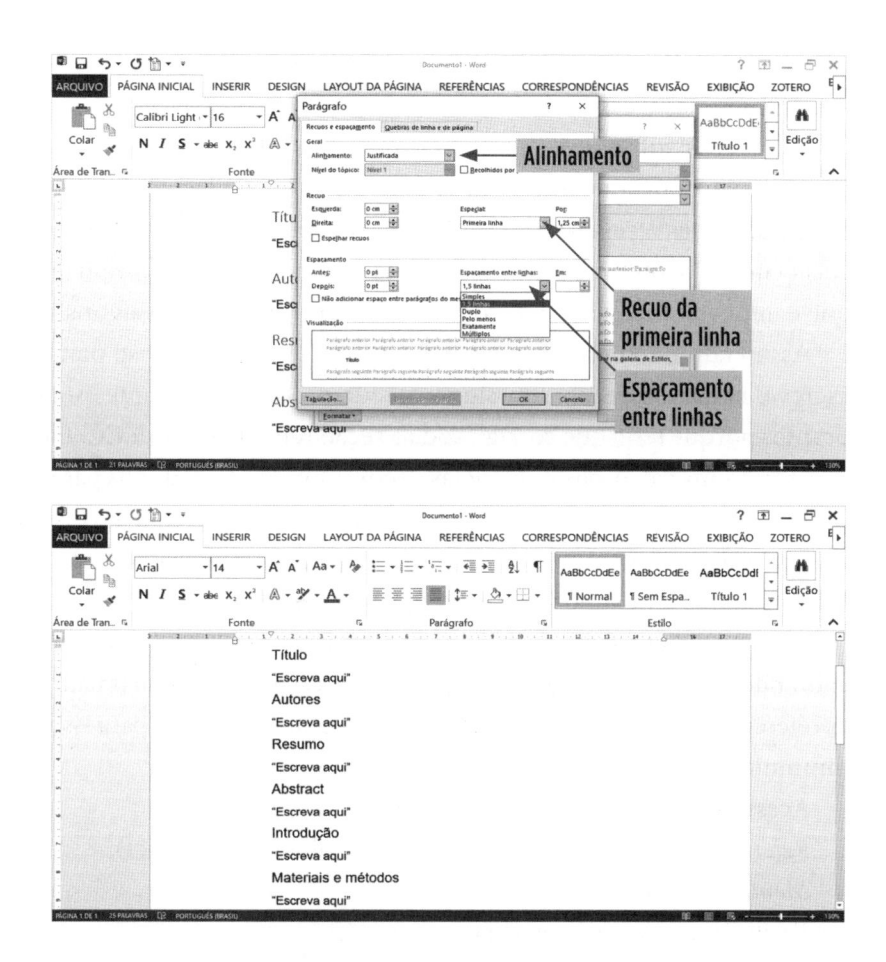

Os mesmos passos deverão ser seguidos para configurar também o "Normal" ou outros títulos, caso haja, e bastará escrever o texto que tudo ficará padronizado.

Veja que cada revista tem as suas normas. Assim, talvez seja necessário configurar mais outras coisas que não ensinei aqui, como espaçamento esquerdo na primeira linha, mas basta clicar no que é necessário e colocar os valores recomendados.

O FastFormat (https://fastformat.co) também edita trabalhos de acordo com a Associação Brasileira de Normas Técnicas (ABNT), de forma simples e fácil. A ferramenta ajuda a revisar o texto, pois identifica erros ortográficos instantaneamente, além de disponibilizar conselhos para o estilo da escrita.

Caso você não goste de digitar, tem uma grande saída: "digite" com a sua voz. Você pode digitar e editar falando no Google Docs (no Windows, acesse pelo atalho Ctrl + Shift + S e no Mac, pelo atalho Command + Shift + S). Observação: esse recurso só está disponível no navegador Chrome.

Há outros softwares e aplicativos para esse fim, como o EverNote (https://evernote.com/intl/pt-br/). Para quem usa o Word no MacBook, basta clicar duas vezes na tecla "fn" para ativar a função ditado e, para finalizar, clicar em "ok". No Windows, vá em Página inicial > Ditado. Convém ressaltar que é importante revisar o texto, pois é comum aparecerem alguns erros.

Assim como tempo é precioso para quem lê, ele é precioso para quem escreve. Uma vez, recebi um aluno do curso de Medicina que estava aos prantos porque teria que corrigir toda a seção referências do TCC. Ele teria que acrescentar algumas referências e retirar outras, pois alguns parágrafos do TCC teriam que ser excluídos e formatados de acordo com a ABNT. Isso culminaria em mudança de ordem das referências e formatação de novas. Um verdadeiro trabalho árduo para quem faz à mão.

Acalmei o aluno e disse: caso você queira fazer tudo isso à mão, continue chorando, pois será um trabalho de dias. Mas, caso queira apenas padronizar as referências do TCC na ABNT, tem diversos sites gratuitos para isso. Você diminuirá o tempo gasto em pelo menos 50%.

Acesse um dos três sites a seguir:

Referência Bibliográfica (https://referenciabibliografica.net).

Menthor (https://menthor.co).

Facilis (http://facilis.uesb.br).

Basta escolher o tipo do documento que você quer citar, entrar com as informações solicitadas pelo site e pronto! As referências estarão formatadas e bastará você citá-las na seção referências em ordem alfabética e ajustar as citações no corpo do texto. Mas, caso você precise padronizar as referências em outro estilo ou trocar a sequência das referências, a saber, para submeter o estudo a uma revista científica, terá que formatar tudo novamente. Tem outra forma de fazer isso, em poucos segundos, para qualquer estilo.

Naquele momento, o aluno não quis saber. Ele só queria saber da famosa ABNT e de entregar o TCC. Mas, aqui, eu mostrarei a você como fazer isso. Use os sites *Mendeley* (www.mendeley.com), *Zotero* (https://www.zotero.org) ou *EndNoteWeb* (www.myendnoteweb.com/).

Caso você precise escrever em inglês e esteja inseguro, recomendo ler a obra *Science Research Writing for Non-native Speakers of English*. A autora,

Hilary Glasman-Deal, professora de redação científica na Imperial College of London, escreveu esse guia para ajudar quem não é nativo da língua inglesa.

Leia, também, o artigo "*Writing Scientific Articles Like a Native English Speaker: Top Ten Tips for Portuguese Speakers*" da Ph.D. Mariel Asbury Marlow, da School of Public Health/University of California. Esse artigo ajudará muito os falantes da língua portuguesa a escrever em inglês.

Outra saída é contratar os serviços de empresas especializadas que traduzem e corrigem textos científicos.

Seis detalhes importantes em todo artigo

1. As abreviaturas e siglas devem ser definidas logo na primeira menção no texto; após a menção, usam-se apenas as abreviaturas e siglas.
2. Sempre use sinais e símbolos internacionalmente aceitos para unidades (unidades SI). Para isso, recomendo consultar o *Vocábulo Internacional de Metrologia* – VIM (http://www.inmetro.gov.br/inovacao/publicacoes/vim_2012.pdf).
3. Use nomes sistemáticos utilizados pelo Chemical Abstract Service ou pela Iupac.
4. Escreva os nomes de gênero e espécie em itálico.
5. Use nomes genéricos para drogas e pesticidas, mas, caso você use os nomes comerciais, o nome genérico deve ser apresentado na primeira menção.
6. Use a notação matemática padrão para fórmulas, símbolos etc. No Word, há uma ferramenta fácil de utilizar para escrever fórmulas e equações (vá em inserir > equação).

No final do artigo, é preciso incluir a lista de referências que você utilizou no texto. Inclua apenas obras citadas e que foram publicadas ou aceitas para publicação. O uso de um software de gerenciamento de citação (*Mendeley*, *Zotero* ou *EndNoteWeb*) o ajudará a não errar nisso, mas vale a pena conferir antes de submeter. Leitores e revisores mais críticos analisam as referências utilizadas e isso pode fortalecer ou enfraquecer as conclusões do seu estudo. Eles analisam se a conclusão do estudo foi justificada com artigos de baixa credibilidade científica ou estudos publicados em revistas predatórias.

Conhecer bem os estudos publicados na linha de pesquisa em que pretende publicar enriquecerá o seu artigo. Este é mais um motivo por que recomendo realizar ou utilizar uma revisão sistemática da literatura na mesma linha de pesquisa.

Em um dos cursos de escrita científica que frequentei, questionei a professora se deveria usar uma lista de referências longa ou curta. Ela respondeu: a verdadeira. Alguns estudos citados no artigo aparecem apenas uma vez no texto. Será que têm necessidade para estar lá? Alguns autores citam diversos artigos só para aumentar a lista de artigos nas referências.

Infelizmente, muitos escritores de artigos científicos acreditam que apresentar uma lista enorme de obras facilitará a aprovação do artigo. Engano. Cite apenas obras que merecem realmente constar nele.

Seja criterioso quanto à escolha das obras que darão credibilidade para o seu estudo. Citar poucos artigos também pode tirar a credibilidade de várias informações. Pondere isso.

Desse modo, recomendo preencher o **checklist de citações** para conferir se colocou todas na lista de referências, se essa lista tem 50% mais um artigos com cinco anos ou menos de publicação (isso é bem valorizado pelos revisores) e a frequência de aparições de cada referência no texto.

Para isso, vá em cada seção do seu artigo e, parágrafo por parágrafo, preencha as informações do checklist de citações.

Introdução			
Autor	Ano	Título do artigo	Parágrafo de aparição

Materiais e métodos			
Autor	Ano	Título do artigo	Parágrafo de aparição
Discussão			
Autor	Ano	Título do artigo	Parágrafo de aparição

Comunicações pessoais, palestras e trabalhos não publicados podem ser mencionados no texto, mas saiba que elas não têm forte aceitação pelos editores. Assim, recomendo utilizar no texto apenas trabalhos publicados. Algo semelhante ocorre com os sites: use apenas os de entidades científicas.

Convém lembrar que resumos apresentados em congresso, mesmo publicados em alguma revista científica, muitas vezes não são bem aceitos como fundamentação de ideias em artigos científicos. Isso porque, infelizmente, muitas vezes a análise de trabalhos publicados em congresso não passa por uma avaliação criteriosa.

Apesar disso, apresentar trabalhos em congressos é importantíssimo para qualquer pesquisador e profissional acadêmico. Além de aumentar sua autoridade no assunto, você também pode receber recomendações de outros profissionais que lerão o seu estudo ou assistirão à sua apresentação, o que deixará o trabalho mais robusto e consistente para publicar em uma revista científica.

Não use notas de rodapé ou notas finais como substitutos de lista de referência.

Algumas revistas solicitam que os anexos (mapas, fotos, quadros, tabelas, modelos de questionários, entrevistas ou qualquer outro material complementar que enriquecerá a pesquisa) sejam enviados em separado, fora do corpo do texto. Assim, a revista colocará o anexo no lugar mais apropriado do artigo.

Como escolher a revista

Uma das principais causas de rejeição sem revisão por pares é quando o conteúdo do artigo não está de acordo com o escopo da revista. Outra causa da rejeição é quando o artigo não segue as normas da revista. Assim, é necessário conhecer a revista a que você submeterá seu artigo.

Veja as normas e leia pelo menos dois artigos recentes da revista a que você pretende submeter o trabalho. Alguns pesquisadores sugerem citar pelo menos dois artigos da própria revista a que submeterá seu texto. Mas isso não é bem visto por outros pesquisadores e desperta uma grande discussão envolvendo questões éticas, relacionadas a autocitação da revista (as revistas ganham citações porque os seus artigos se citam) e à tentativa dos autores de "ganhar" a simpatia dos revisores ao "agradar" com citações da própria revista. Mas, caso você encontre artigos bons da revista que merecem entrar na sua lista de referência, por que não os citar? Não vejo problemas.

Avalie a qualidade da revista a que pensa submeter o seu artigo; existem plataformas que podem ajudar a conhecer a qualidade das publicações. A *Plataforma Sucupira* (https://sucupira.capes.gov.br/sucupira/) apresenta uma lista de revistas classificadas de acordo com a qualidade da produção, o Qualis-Periódicos. A pontuação vai de A1 (mais relevante) a C (menos relevante), na ordem: A1, A2, B1, B2, B3, B4, B5 e C.

A Elsevier desenvolveu uma ferramenta chamada *JournalFinder* (https://journalfinder.elsevier.com), que o auxiliará na escolha da revista à qual submeter o seu artigo. Além desse site, há o *Springer Journal Suggester* (https://journalsuggester.springer.com), o *Edanz Journal Selector* (https://en-author-services.edanzgroup.com/journal-selector) e o *IEEE Publication Recommender* (https://publication-recommender.ieee.org/home).

Basta escolher uma dessas ferramentas e entrar com o resumo e/ou título da pesquisa. Elas compararão o seu resumo com artigos já publicados e, assim, fornecerão os nomes das revistas que têm mais similaridade com o tema da sua pesquisa.

Com a revista selecionada, entre no site dela, leia com atenção as normas e siga o passo a passo de submissão proposto pela revista. Reúna todos os documentos necessários para submeter o seu artigo. Normalmente, esse passo a passo é simples e bem orientado.

Recapitulando

A fim de poupar trabalho e tempo, recomenda-se formatar antes o documento que receberá o artigo.

Para formatar o texto:
- Word.
- *FastFormat* (https://fastformat.co).

Para formatar a lista de referências:
- *Referência Bibliográfica* (https://referenciabibliografica.net).
- *Menthor* (https://menthor.co).
- *Facilis* (http://facilis.uesb.br).
- *Mendeley* (www.mendeley.com).
- *Zotero* (https://www.zotero.org).
- *EndNoteWeb* (www.myendnoteweb.com/).

Para escolher a revista à qual submeterá o artigo:
- Avalie a qualidade da revista e use sites para auxiliar em sua escolha:
  - *JournalFinder* (https://journalfinder.elsevier.com).
  - *Springer Journal Suggester* (https://journalsuggester.springer.com).
  - *Edanz Journal Selector* (https://en-author-services.edanzgroup.com/journal-selector).
  - *IEEE Publication Recommender* (https://publication-recommender.ieee.org/home).

9. INTEGRIDADE CIENTÍFICA

"Ética é o conjunto de valores e princípios que usamos para responder a três grandes questões da vida:
(1) quero?; (2) devo?; (3) posso?
Nem tudo que eu quero eu posso; nem tudo que eu posso eu devo; e nem tudo que eu devo eu quero. Você tem paz de espírito quando aquilo que você quer é ao mesmo tempo o que você pode e o que você deve."

Mário Sergio Cortella

Sem dúvida, o plágio é a violação mais conhecida e mais antiga no meio acadêmico. Desde os tempos de Grécia antiga, já se discutia sobre a propriedade intelectual. A primeira retratação científica foi registrada em 1756. Mas falar de integridade científica é muito mais do que falar de plágio e desperta o interesse de quase todos os pesquisadores do mundo.

A má conduta pode gerar problemas catastróficos em todas as áreas da ciência, como desperdício de dinheiro, divulgação de dados falsificados e tomadas de decisões erradas.

Em 2017, escrevi o capítulo "Graduate Research in Plagiarism in Brazil: Overview and Comments on Prevention and Detection" [Pesquisa de pós-graduação para plágio no Brasil: visão geral e comentários sobre prevenção e detecção] para o livro *Políticas de integridade científica, bioética e biossegurança no século XXI* (você pode ler, gratuitamente, no link: https://www.editorafi.org/220fiocruz), com o professor Renan Moritz Varnier Rodrigues de Almeida, Ph.D. em Engenharia Biomédica pela University of Virginia, Charlottesville, Estados Unidos. Neste capítulo, analisamos estudos sobre plágio no Brasil e descobrimos que cerca de 21% dos estudos são sobre "desenvolvimento de mecanismos de detecção" e apenas 7,2% sobre "métodos de ensino" para prevenir a má conduta.

Infelizmente, até o momento, nós, brasileiros, vamos contra o fluxo dos grandes produtores científicos que estão investindo mais na educação para prevenção de má conduta. Diante disso, diversas revistas têm apostado na educação sobre má conduta para os seus leitores e autores. A editora Elsevier disponibiliza em seu site diversos tópicos sobre ética em publicações e pesquisa (http://ethics.elsevier.com). Vale a pena conferir.

Retratação do artigo

A má conduta científica pode causar, além da rejeição do artigo logo na submissão, a retratação do artigo (retirada do artigo da revista que o publicou). Neste último caso, pode provocar uma sucessão de problemas, desde o bloqueio de verba para futuras pesquisas realizadas por você até manchar o seu nome no meio acadêmico.

Para você ter noção da importância do debate sobre integridade científica, durante a pandemia de covid-19, período em que estou escrevendo esta obra, a renomada revista científica *The Lancet* retratou um artigo de cientistas da Universidade Harvard, nos Estados Unidos. Nesse artigo, os cientistas alertavam sobre a não eficácia da cloroquina ou hidroxicloroquina no tratamento de pacientes com covid-19 e afirmava que esses medicamentos aumentavam o risco de morte. No período da publicação desse artigo, a Organização Mundial da Saúde (OMS) anunciou a interrupção de um estudo que investigava a eficácia da cloroquina e hidroxicloroquina contra a doença com base nos resultados desse estudo. Depois da pressão de outros pesquisadores, que não participaram do estudo, os autores, por não conseguirem validar os dados fornecidos por uma empresa, decidiram retirar o artigo. Veja a confusão.

Os principais casos que geram retratação científica são:
- Erros: normalmente, os autores não os cometem por má-fé. São descuidos dos autores aos quais qualquer um está sujeito. Exemplos: digitação de dados errados, apresentação de figuras iguais que eram para comparar.
- Fabricação e falsificação de dados: infelizmente, é a vergonha da ciência. As causas são inúmeras, mas não justificáveis. Os autores criam dados, imagens e trocam números. Exemplos: aumentam a

área da asa de uma espécie de pássaro para caracterizá-lo e induzir conclusões de acordo com o desejo dos autores.
- Problemas de autoria: criação de autores fantasmas, acréscimo de autores reconhecidos mundialmente para aumentar as chances de sucesso na pesquisa, esquecimento do nome de um dos autores na seção autoria e digitação de nomes e vínculos institucionais errados.
- Plágio: reprodução de qualquer material científico (completo ou parte dele) e não referenciado. Não copie nenhum texto de outrem. Escreva com as suas palavras e cite a autoria.
- Duplicação da publicação: o mesmo estudo é publicado em duas ou mais revistas científicas ao mesmo tempo. Exemplo: os autores submetem o artigo para várias revistas.

Para se manter atualizado sobre os casos de má conduta científica no mundo, recomendo ler o site *Retraction Watch* (http://retractionwatch.com), dos jornalistas norte-americanos especializados em ciência Adam Marcus e Ivan Oransky.

Para ensaios clínicos randomizados, você deve seguir as recomendações de ética do *Consort* (www.consort-statement.org/consort-statement/overview0/). Além disso, forneça o registro que atenda aos requisitos do Comitê Internacional de Editores de Revistas Médicas (ICMJE): http://clinicaltrials.gov/ e/ou http://www.anzctr.org.au.

A lista completa de todos os registros de ensaios clínicos pode ser encontrada em: http://www.who.int/ictrp/network/primary/em/index.html.

Dê mérito aos verdadeiros autores. Isso também é valorizar a ciência.
Percebe-se que muitos artigos citam errado o autor da pesquisa. Isso é um grande erro. Imagine que você leia um artigo de Fontes et al. (2018), ache a seguinte informação relevante e gostaria de citá-la em seu texto: "De forma geral, os pesquisadores aumentaram os esforços para descobrir casos de má conduta científica (PEREIRA, 2016)".

Você citará Fontes ou Pereira? Veja que o correto é citar Pereira, pois foi ele quem fez a pesquisa em 2016 e chegou à conclusão. Mas, cuidado, essa questão não é tão simples. Você deve se questionar: será mesmo que Pereira falou isso em 2016? Será que Fontes não citou errado?

Assim, você deve ir até a seção referências do artigo de Fontes, pegar as informações do artigo de Pereira e buscá-lo. Com o artigo de Pereira em mãos, você deve confirmar se Pereira realmente falou isso e, assim, citá-lo sem medo de errar ou de estar propagando erros.

Dar mérito ao autor também vale para conteúdos visuais utilizados no artigo. Você deve enviar à revista a permissão do(s) proprietário(s) de direitos autorais (sejam as editoras, sejam os autores).

Isso também vale para imagens de publicações próprias. Caso não seja feito desta forma, as revistas vão pressupor que o material é de quem submete e, assim, surge mais um problema de integridade, que pode repercutir em retratação científica.

Falando sobre conteúdos visuais, **não faça montagens ou edições que enviesem a análise do leitor, como aumentar o tamanho de um objeto deixando diferente da imagem original**. Isso pode ser interpretado como fraude.

Para identificar a fonte de uma imagem que você deseja utilizar, use o Google Imagens (https://images.google.com). Basta clicar no ícone de uma máquina de fotografia (pesquisa por imagem) e aparecerão duas opções:

1. "Colar o URL da imagem", caso a imagem esteja em um site, depois clique em "pesquisa por imagem".
2. "Envie uma imagem", caso você tenha a imagem no seu computador. Nesse caso, clique em "escolher arquivo".

Após escolher uma dessas opções, o Google Imagens mostrará uma página com as possíveis fontes.

Educação e softwares como ferramentas de combate ao plágio

Caso queira usar informações de outras pesquisas, reescreva-as com as suas palavras, mas sendo fiel à ideia do autor, e cite-as corretamente. Precisando escrever trechos de outros autores, sem fazer modificações, use aspas e, dependendo da norma, utilize as regras para citações diretas.

Se você já publicou partes do seu estudo em outras revistas ou até mesmo congressos, informe o editor da revista antes ou na submissão do seu artigo. Use a carta ao editor para isso.

De forma alguma, use a estatística para manipular a conclusão do estudo.

Muitas revistas científicas cobram de quem submete o artigo a justificativa para autoria de cada colaborador. Lembre: autor é aquele que contribui de forma intelectual e significativa na pesquisa. Caso queira conhecer mais sobre os critérios de autoria acesse o site do International Committee of Medical Journal Editors na aba "Who Is an Author?" [Quem é um autor?] (www.icmje.org).

As duas principais estratégias para lidar com o plágio são: educação em escrita e uso de softwares de detecção.

A educação em escrita investe na conscientização dos autores durante a escrita por meio de cursos e diversos alertas promovidos por órgãos competentes como Capes, CNPq e até o Google, que desenvolveu uma ferramenta que detecta, entre diversas coisas, o plágio (https://www.blog.google/outreach-initiatives/education/introducing-assignments/). Assim, o autor, ao anexar um texto para enviar a um colaborador, já tem uma prévia análise sobre o plágio. Desse modo, ele mesmo já corrige o texto antes de enviar aos professores e/ou colaboradores.

Convém ressaltar que o Google Classroom tem a opção de "verificar plágio (originalidade)" nas atividades anexadas (https://support.google.com/edu/classroom/answer/9335816?hl=pt-BR). Essa ferramenta faz a análise completa do texto e informa a porcentagem de texto copiado de uma fonte da internet e de onde foram retiradas as informações copiadas.

A segunda estratégia para frear o plágio é por meio de softwares. Há diversos com diferentes valores e graus de sucesso para detectar essa má conduta. Assim, você realizará a análise de plágio do seu artigo após ele ficar pronto para submissão. Para isso, use um dos softwares abaixo:

- Copyspider – Gratuito (https://copyspider.com.br/main/).
- Jplag – Gratuito (https://jplag.ipd.kit.edu//).
- Plag – Gratuito (https://www.plag.pt).
- Plagiarisma – Gratuito (http://plagiarisma.net/pt/).
- Google Assignments (Google Educacional) – Gratuito (https://edu.google.com/assignments).
- Farejador de plágios – Gratuito/Pago (http://www.plagiarismcombat.com).
- Plagium – Gratuito/Pago (https://www.plagium.com).

- iThenticate – Pago (http://www.ithenticate.com).
- Turnitin – Pago (https://www.turnitin.com).
- NewJester – Pago (https://www.newjester.com).

Caso você tenha artigos anteriores na mesma linha de pesquisa, cite-os. Os autores que citam trabalhos anteriores aumentam a credibilidade do artigo atual. Os revisores encaram como experiência. Mas cite adequadamente. Não use frases como: "Em nosso trabalho anterior (Smith, 2019), apresentamos", que identificam o autor. Seja imparcial. Seu trabalho deve ser referido na terceira pessoa, por exemplo: "Smith et al. (2019) apresentaram".

É comum encontrarmos artigos que fazem uso de fontes publicadas em revistas predatórias. Essas revistas vêm com ótimas "conversas de vendedores" (lógico que falsos vendedores), prometendo facilidade na publicação e publicação rápida.

Muitas vezes, esses periódicos têm nomes iguais ou bem semelhantes aos de outros bem conceituados. Muito cuidado! Caso você queira saber mais sobre editores e princípios de transparência e boas práticas em publicações acadêmicas, visite os seguintes links:

- Oaspa – Open Access Scholarly Publishers Association: (https://oaspa.org).
- Doaj – Diretório de revistas de acesso aberto: (https://doaj.org).
- Cope – Comitê sobre Ética da Publicação: (https://publicationethics.org).

Espera-se que os artigos científicos apresentem os melhores resultados encontrados, mas você não pode excluir resultados de forma aleatória. Os que não serão apresentados no artigo não podem, em hipótese alguma, negar a conclusão do estudo. Caso neguem, devem constar no artigo. Não fazer isso é considerado uma má conduta, pois o estudo estaria enviesado.

Recapitulando

1. Mantenha-se atualizado sobre os casos de má conduta científica no mundo; para isso, leia o site *Retraction Watch* (www.retractionwatch.com).

2. Siga as recomendações de ética para cada tipo de estudo.

3. Dê crédito aos verdadeiros autores.

4. As duas principais estratégias para lidar com o plágio são: educação em escrita e uso de softwares de detecção.

5. Não faça montagens ou edições nas imagens de tal modo que enviesem a análise do leitor.

10. OS CINCO ATOS

> "Nada é difícil se for dividido em pequenas partes."
>
> **Henry Ford**

Nas antigas tribos, os anciões eram conhecidos por serem bons contadores de histórias. E contar boas histórias cria autoridade no assunto para quem as narra. Reis tinham os seus contadores de histórias, já que era o passatempo preferido de muitos deles e despertava o interesse de muitos. Por isso, ao longo dos séculos, muitos estudaram modelos para isso.

O tempo mudou. A ciência mudou. Os cientistas e pesquisadores mudaram. A lógica do raciocínio mudou e a forma de ver o mundo também. Este livro está baseado nesse fato.

Atualmente, os pesquisadores e cientistas apresentam uma outra forma de ver algo como interessante, mesmo sendo um material relacionado com a sua linha de pesquisa. Eles também desejam ter uma experiência de felicidade lendo um artigo. O pesquisador, de hoje, deseja ler artigos e aprender de forma prática o conteúdo. Desejam aprender sem esforço. Não é à toa que um dos cursos mais concorridos de Harvard é o curso que ensina a ser feliz; isso indica o desejo embutido em cada um de ter felicidade em qualquer área da vida.

Muitas revistas científicas, como *PLOS* (https://plos.org), *JoVE* (https://www.jove.com) e *Nature* (https://www.nature.com) perceberam isso e mudaram a forma de divulgar o conhecimento. Elas oferecem um nova experiência de aprendizado ao leitor, com a presença de vídeos, espaço de comentários, blogs, formatos diversos etc.

A boa história é aquela que faz o leitor penetrar nela, sentir a dor, pular de alegria, envolver-se de forma completa na causa. É algo que ainda falta na maioria dos artigos científicos, infelizmente. Quando o escritor de textos científicos entende isso, o processo de escrita científica fica muito mais fácil.

Acredito que você já tenha assistido a muitos filmes que são *remakes* ou inspirados em livros. Mesmo com tantos conhecendo bem a história, a nova obra faz sucesso. O que ela tem de diferente? São alguns detalhes que deixam a história mais envolvente. A grande indústria do cinema percebeu isso e sabe que um roteiro bem escrito, seguindo certa lógica, faz com que o expectador se envolva.

Você já reparou que, nos novos filmes de sucesso, você tem a sensação de que já presenciou várias cenas e/ou que participa de algumas delas e o filme fluiu coerente e de forma emocionante, chegando até o fim de forma magistral? E você não sente vontade de deixar a cadeira no meio do filme nem por um segundo. São histórias enormes, ricas em detalhes, contadas em média de duas horas sem que reparemos no tempo.

Há diversos modos de contar, normalmente divididos em atos. Aristóteles falava que toda história tinha um começo, meio e fim (três atos). Alguns estudiosos de roteiro de filmes, séries e livros sugerem que, atualmente, elas apresentem quatro ou cinco atos.

Diante de todas essas hipóteses, eu digo que os filmes, séries e livros famosos da atualidade, que conquistam milhares de fãs e arrecadam fortunas, são feitos em cinco atos. O seu artigo científico também apresentará cinco atos. Cada ato será uma seção do artigo e cada seção apresentará características semelhantes aos atos correspondentes a essas obras de sucesso.

Você perceberá que entender a construção do artigo científico por atos, semelhantes à construção dos filmes de sucesso, deixará a sua escrita bem mais fácil, ordenada, fluida, com ritmo e envolvente. Será bom para você e para os leitores. Vamos nos inspirar nesses métodos que deram certo e adequar aos artigos científicos.

Eu denomino os cinco atos dos filmes de sucesso de: apresentação, mudança de vida, chegou a hora, combates e combate final.

Mas há um detalhe valioso que ocorre nos atos dos filmes de sucesso e que prende de vez os leitores: há altos e baixos. É aqui que entra o método da montanha-russa.

Atos	Filmes de sucesso	Seu artigo de sucesso
1º	Apresentação	Introdução
2º	Mudança de vida	Materiais e métodos
3º	Chegou a hora	Resultados
4º	Combates	Discussão
5º	Combate final	Conclusão

Cada parte dessa montanha-russa é uma seção do artigo e o *boom* é o momento da queda. É a apresentação de um problema nos filmes, o momento em que todos gritam e ficam ligados. O *boom* será aquele momento que prenderá os leitores no seu artigo. O artigo terá três *booms*: final da introdução, início do resultado e a conclusão.

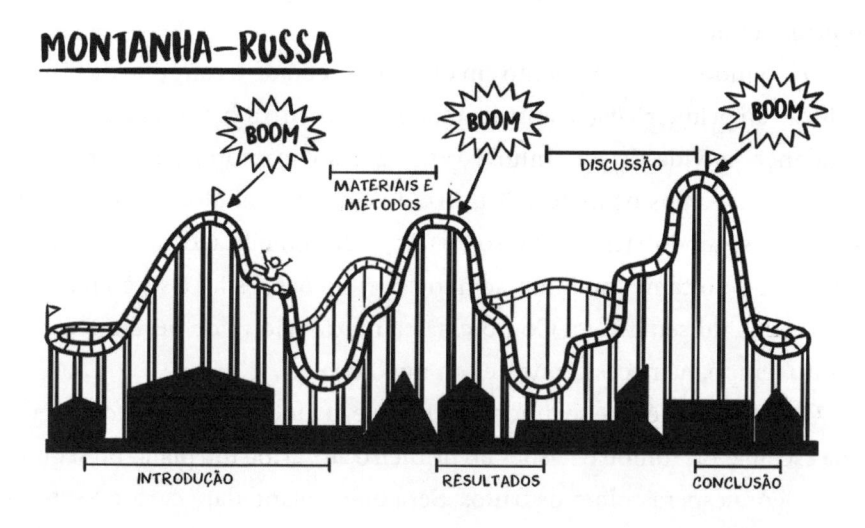

MONTANHA-RUSSA

Para raciocinarmos juntos e facilitar o entendimento do método, escolhi o primeiro filme do *Homem de Ferro* (2008) por ser fã das histórias da Marvel, mas você pode fazer essa análise com qualquer obra de sucesso. Sugiro, por exemplo, três séries da Netflix: *O gambito da rainha* (2020), *Stranger Things* (2016) e *La casa de papel* (2017). Na obra *Estrutura do roteiro*, Leonardo Bighi analisa os atos presentes no filme do *Homem de Ferro* e de outros filmes de sucesso, mas Bighi relata apenas quatro atos.

No início do filme *Homem de Ferro*, você conhece diversos personagens e começa a criar hipóteses de quem são o protagonista, os figurantes, o possível mocinho da história, os possíveis vilões (problemas), a mocinha, o local onde se desenvolverá a história etc. E é assim que iniciamos um relacionamento com os personagens do filme. Enfim, somos apresentados aos diferentes personagens e cenários, mas após um tempo isso ficará cansativo e chato.

Nenhum filme conquistaria sucesso apenas com apresentações, teríamos centenas de milhares de pessoas dormindo ou deixando o cinema. O longa-metragem precisa recuperar a atenção de todos em períodos estratégicos. É para isso que serve o *boom*! Se tinha alguém dormindo nas cadeiras do cinema ou achando o filme chato, a presença desse problema resgatará a atenção de todos e marcará o fim do primeiro ato. É a reviravolta na vida do mocinho. Na escrita, o primeiro *boom* será a apresentação do objetivo na sua introdução. Toda a apresentação e mais o primeiro *boom* compõem o primeiro ato.

O segundo ato é o momento em que é apresentado o caminho da possível solução ao primeiro *boom* apresentado no primeiro ato. Presenciamos uma mudança na vida do mocinho. No filme, a solução do herói é criar uma armadura. Vemos os materiais utilizados, quem o ajudou, quais foram o primeiro, segundo e terceiro passos, o tempo disponibilizado, dificuldades etc. É um período calmo no filme, sem fortes emoções. Esta é a seção materiais e métodos do seu artigo. Como essa calmaria não pode permanecer por muito tempo, há necessidade de um novo *boom*.

O terceiro ato é esse segundo *boom*. Nele, o mocinho já vê o potencial de sua escolha. Ele tomou decisões no primeiro ato, criou um plano no segundo ato e agora espera colher os frutos. Será que o plano dará certo? Neste ato, chegou a hora de ver o potencial da armadura do Homem de Ferro (Tony Stark). Ainda não há combates, mas torcemos para que ele logo entre em combate com os problemas apresentados no primeiro ato. No artigo, esse ato é o seu resultado.

No quarto ato, há diversos combates. Tony Stark luta para resolver o conflito. Aparecem os comparsas do vilão e testemunhamos mais a fundo o significado de cada peça e estrutura da armadura. Sabemos que são necessários esses pequenos combates para que o Homem de Ferro chegue até o vilão e ocorra a grande batalha. Mas, como em qualquer filme de sucesso, antes da batalha final há necessidade de aumentar a tensão. É o clímax. Nessa hora, bate uma dúvida se todo o trabalho do herói será válido. Se conseguirá vencer o vilão. No seu artigo, esse ato é a discussão e o clímax é a apresentação das limitações da pesquisa.

No quinto ato, o carrinho que está na parte mais alta da montanha despenca! É a hora do vamos ver realmente, a grande batalha entre Tony Stark e o vilão. É a conclusão de toda a história. No artigo, é a resposta do objetivo da pesquisa: a conclusão.

Recapitulando

1. O artigo científico apresenta cinco atos, semelhantes aos filmes de sucesso.
2. Cada ato tem uma função bem específica.
3. Você perceberá que escrever um artigo científico por atos deixará a sua escrita bem mais fácil, ordenada, fluida, com ritmo e envolvente.
4. Os cinco atos:

    1º ato: Introdução.
    2º ato: Materiais e métodos.
    3º ato: Resultados.
    4º ato: Discussão.
    5º ato: Conclusão.

5. Use o método da montanha-russa.

11. MÉTODO MMA

> "Palavra puxa palavra, uma ideia traz outra, e assim se faz um livro, um governo, ou uma revolução."
>
> **Machado de Assis**

Calma! Você não leu errado. O método que logo apresentarei denomina-se MMA, mas não tem relação com o evento de *Mixed Martial Arts*. O método de idealização e escrita científica deste livro é apresentado em três fases fundamentais: Meditação, Mãos à obra e Atualização, daí o acrônimo MMA que o batiza.

M (Meditação): prepara o autor para iniciar a escrita.

M (Mãos à obra): a escrita do artigo propriamente dito.

A (Atualização): atualização e lapidação do artigo.

Esse método foi pensado para facilitar a minha própria vida na escrita científica. Não sei ao certo quando iniciei o processo de construção do MMA, mas acredito que tenha sido desde o ensino médio, quando eu participava de cursos de redação.

O desejo de me tornar cientista e publicar artigos científicos fizeram-me estudar muito a metodologia e escrita científicas para lapidar esse método.

Ao longo da minha vida acadêmica e profissional, sempre estive em contato com muitos editores, revisores e autores de artigos científicos, o que facilitou muito conquistar dicas para a escrita científica. Aliado a isso, a formação em *Personal and Life Coaching* me ajudaram a criar e usar técnicas para explorar e extrair da melhor forma possível os meus conhecimentos e colocá-los no papel. Assim, fortalecendo o método MMA.

Em leituras de artigos científicos de sucesso, veio o "estalo" sobre a nova realidade da escrita científica. Há um padrão entre eles. Realizei uma revisão extensiva da literatura e entrevistas com mais consumidores de produtos científicos. Assim, com todo esse material, ajustei o método e a partir de então utilizei em minhas aulas de escrita científica, produção de artigos científicos etc.

Prepare-se para escrever

Devemos nos preparar para escrever, excluir qualquer fator que nos tire do foco. É frequente a cena: o escritor se senta para iniciar a escrita, mas não inicia, porque sentiu sede e decide ir à cozinha beber um copo de água. Ele retorna ao local onde iniciaria a escrita, mas ainda não inicia, pois sentiu fome e volta à cozinha. No retorno, conversa com alguém da casa e assiste a algo na TV. Agora, parece que está tudo certo e o autor se senta, novamente, e começa a pensar, pensar, pensar e até escreve algumas linhas, mas se sente perdido, olha para o smartphone e faz uma pausa para conferir as notificações.

Ele perde uma parcela de tempo valioso que deveria ter destinado à escrita, então deixa de mexer no smartphone e tenta retornar à escrita. Lembra o copo de água que bebeu logo no início? Deu vontade de ir ao banheiro. Assim, passa o dia e, muitas vezes, não escreve nada. Muitos chamam isso de procrastinação, palavra do momento; na verdade, é apenas a falta de clareza no primeiro passo.

Tenha um horário para a escrita. Seja rigoroso e disciplinado com esse tempo. Com o tempo, ficará mais fácil e se tornará um hábito. Recomendo a seguir o tempo proposto por mim para cada seção (ver "O caminho para a publicação", p. 15).

O método MMA prioriza aumentar sua segurança e ganhar tempo. Ao longo da sua pesquisa, você se deparou em diversas situações e absorveu muito conhecimento. Preciso fazer você colocar para fora esse conhecimento que você tem.

No capítulo "Como ler corretamente um artigo científico?" (p. 31), recordei o período escolar, quando quase sempre perdíamos tempo nas provas de interpretação de texto, e lembrei de como isso influenciava de forma negativa toda a avaliação. Disse que uma das melhores dicas que há para se fazer uma boa leitura de um artigo científico é conhecer as perguntas para cada seção do artigo.

Conhecer o que os consumidores de artigos querem ler e o que você quer e pode escrever facilita a escrita do artigo. Lembre que empacar na escrita científica pode ter a ver com a "síndrome inquietante da perfeição da primeira linha", fruto do medo de escrever besteira e da falta de pensamento ordenado e lógico.

Assim, as perguntas adequadas combaterão essa síndrome, direcionarão a ação e nos farão ganhar tempo na escrita. Por isso, a Meditação é a primeira fase!

Recapitulando

1. O método MMA prioriza aumentar a sua segurança e ganhar tempo na escrita científica.
2. Siga a sequência: Meditação, Mãos à obra e Atualização.
3. Retire de perto tudo que faz você perder o foco.
4. Tenha um horário para escrever.

12. MEDITAÇÃO

> "O verdadeiro conhecimento vem de dentro."
>
> **Sócrates**

Resista ao efeito manada e não vá por impulso digitar o seu artigo. O primeiro passo antes de começar a escrever as primeiras linhas do artigo é meditar. Essa preparação é importante.

Procure um lugar calmo, e pode até colocar uma música de fundo. Que tal uma *playlist* de Mozart? Para aqueles que adoram estudar em cafeterias como Starbucks, experimentem o Coffitivity (https://coffitivity.com).

A seguir, farei algumas perguntas; registre as suas respostas neste livro ou utilize um bloco de anotações. Coloque de lado o computador, o smartphone, planilhas dos seus dados, livros e artigos, enfim, tudo que possa tirá-lo do foco.

Responda às perguntas de forma direta com base no seu conhecimento. Tente não justificar nem procurar em livros e sites. Caso não saiba a resposta, deixe em branco.

A primeira fase do método MMA o motivará. Ativará o sistema límbico, e a sua criatividade ficará a todo vapor. Vamos mapear a sua visão. Assim, você escreverá de forma eficaz, ordenada e prazerosa.

Imagine-se em um caminho em que há cinco casas. O trajeto por esse caminho, passando pelas casas e respondendo a cada pergunta, facilitará o primeiro passo para escrever de forma confiante.

Preveja uma hora e meia para essa fase, algo em torno de 18 minutos para cada casa. Ajuste o tempo para cada uma de acordo com a sua necessidade, mas siga a sequência de casas.

Vamos iniciar?

Primeira casa

Por que realizei esta pesquisa?
_____
_____

O problema em questão gera quais consequências financeiras?
_____
_____

O problema em questão gera quais consequências emocionais?
_____
_____

O problema em questão gera quais consequências político-sociais?
_____
_____

Quem é o público-alvo dessa pesquisa?
_____
_____

Quem é o público não alvo, mas que se relaciona diretamente com o público-alvo?
_____
_____

Quais dúvidas existem na linha de pesquisa em que meu estudo está inserido?
_____
_____

Qual é o resultado mais relevante?
_____
_____

Qual é o nível de relevância da minha pesquisa para a sociedade?
___
___
___

Segunda casa

Quais foram os principais passos para realização da pesquisa?
___
___
___

Como eu dividiria a execução da minha pesquisa em cinco etapas?
___
___
___

Quais as três etapas mais importante para reproduzir a minha pesquisa?
___
___
___

Terceira casa

Como posso ser imparcial na análise dos artigos?
___
___
___

Como posso resumir os resultados em uma imagem ou tabela?
___
___
___

Como eu explicaria a minha pesquisa para uma criança em apenas um minuto?
_____
_____
_____

Quarta casa

Quais são os três autores mais importantes que estudam a área da minha pesquisa?
_____
_____
_____

Quais são os livros e/ou artigos mais importantes sobre o tema da minha pesquisa (nos últimos cinco anos)?
_____
_____
_____

Quais os cinco artigos mais relevantes sobre o tema da minha pesquisa?
_____
_____
_____

Qual é o melhor resultado que responde ao objetivo da pesquisa?
_____
_____
_____

Após este estudo, quais seriam os futuros passos para fortalecer as pesquisas no tema de estudo?
_____
_____
_____

Após a minha pesquisa, consegui mudar algo na linha em que ela se insere?

_____
_____
_____

Quinta casa

Como eu responderia de forma direta qual é o objetivo da minha pesquisa?

_____
_____
_____

Após meditar nestas casas, você conseguirá narrar um breve resumo da pesquisa, como você faz quando lhe perguntam como foi a festa, em uma roda de amigos.

O artigo científico será esse resumo só que com alguns detalhes a mais. Agora você está preparado para escrever o artigo.

Recapitulando

1. Meditar o motivará. Isso é possível por meio da resposta de algumas perguntas.
2. Separe uma hora e meia para a meditação.
3. Imagine-se em um caminho em que há cinco casas.
4. Em cada casa, responda às perguntas.
5. Siga a sequência de casas.
6. Ajuste o tempo para cada casa de acordo com a sua necessidade.

13. MÃOS À OBRA

> "Passo a passo. Não consigo pensar em nenhum outro modo de se realizar algo."
>
> Michael Jordan

Aqui você escreverá o artigo científico propriamente dito, usando o método dos cinco atos e da montanha-russa.

Escreva sem parar para analisar e reescrever. Siga a sequência: sujeito, verbo e predicado. Apenas coloque no papel, de acordo com o passo a passo recomendado.

Nesta fase, invista 44 horas totais e não passe mais de uma hora seguida escrevendo, nem mais de cinco horas totais por dia. A cada uma hora de trabalho, você ganhará cinco ou 25 minutos de descanso. Você merece uma recompensa!

Escrevendo a seção Introdução

> "A ciência é muito mais do que um corpo de conhecimento. É uma maneira de pensar."
>
> Carl Sagan

A escrita da introdução é o primeiro passo do método dos cinco atos. Como o nome já diz, nesta seção você introduzirá o tema ao leitor, buscando ensiná-lo e atualizá-lo sobre o assunto. Assim, use pelo menos 50% mais um de artigos atuais (publicados nos últimos cinco anos).

Em algumas situações, é importante citar artigos mais clássicos, a saber, quando você precisa conceituar algo ou quando deseja mostrar que o tema é abordado há muito tempo. Isso aumenta a credibilidade da sua introdução.

Esta seção é extremamente importante para atualizar o leitor sobre o problema a ser estudado, apresentar o valor do estudo (motivação) e conduzir o leitor até o objetivo da pesquisa. Acredito que isso seja de fácil entendimento por todos. As principais dúvidas da escrita desta seção são:
- Como introduzir o tema de forma efetiva?
- Como apresentar o problema adequadamente?
- Como escolher e apresentar as pesquisas anteriores?
- Como mostrar o valor da pesquisa?

Antes de tudo, devo informar que não há uma fórmula pronta e correta. Se algum dia alguém informou isso a você, recomendo esquecer.

Parece um pouco contraditório, considerando o que já falei sobre como ler de forma correta um artigo científico, mas a maioria dos leitores, após ler o título e resumo, lerá a introdução.

Logo, essa seção deverá ser perfeita. Se ela não "pegar" o leitor, o seu artigo terá grandes chances de não ser lido por completo.

Primeiro, você escreverá o Pico, acrônimo formado pela inicial das palavras **p**roblema ou **p**articipante, **i**ntervenção, **c**omparação e *outcome* (desfecho/resultado esperado). Essas quatro palavras representam elementos fundamentais para construir boas perguntas de pesquisa e buscar evidências científicas. Por isso, essa estratégia é muito utilizada em estudos do tipo revisão sistemática da literatura.

Além disso, o Pico o ajudará a escrever o objetivo, a conclusão, o título e alguns parágrafos da introdução.

Para escrevê-lo, basta responder às seguintes perguntas:

P: Qual é o problema ou participante estudado (objeto de estudo)? Seja específico aqui.

Exemplo: quedas na terceira idade devido a perda de equilíbrio.

I: Qual foi a intervenção ou quais foram as intervenções que você utilizou? Especifique técnica, equipamento, fármaco ou método etc.

Exemplo: sessões de ioga e treinos de musculação.

C: Você comparou intervenções? Caso não tenha feito isso, não tem problema. Não é obrigatório colocar informações nessa letra.

Exemplo: comparar os efeitos do ioga e da musculação.

O: Qual é o resultado esperado?

Exemplo: melhorar o equilíbrio e diminuir o risco de quedas.

Assim, unindo as respostas do Pico, você pode ter:
- Pergunta do estudo: sessões de ioga são melhores que treinamentos de musculação para melhorar o equilíbrio e diminuir o risco de quedas em idosos?
- Objetivo do estudo: a presente pesquisa objetivou esclarecer se sessões de ioga são melhores que treinamentos de musculação para melhorar o equilíbrio e diminuir o risco de quedas em idosos.
- Conclusão e título: sessões de ioga são melhores que o treinamento de musculação para melhorar o equilíbrio e diminuir o risco de quedas em idosos.

Mais à frente, comentarei cada benefício do Pico. Por enquanto, registre a resposta para cada item, de acordo com a sua pesquisa.

PROBLEMA/PARTICIPANTE:
_____
_____
_____

INTERVENÇÃO:
_____
_____
_____

COMPARAÇÃO:
_____
_____
_____

OUTCOME:
_____
_____
_____

Como a proposta do método deste livro é ensinar a escrever um artigo científico utilizando, também, o método criativo da escrita de roteiros de filmes, você precisa identificar "quem é quem" no seu artigo.

- O "vilão": o grande problema. Pode ser o mesmo que o "P" do Pico. Mais à frente, mostrarei como escrever o problema adequadamente.
- O mocinho: a técnica, o método, o fármaco ou o algoritmo que é uma possível solução para combater o "vilão". É o seu "I" do Pico.
- O local onde se passa a história: país, estado, cidade ou estrutura física. Aqui, o leitor descobrirá se o estudo é em nível mundial, nacional ou local.
- Os demais personagens e seus feitos: outros pesquisadores e o que eles fizeram.

Agora, escreva "quem é quem" na sua pesquisa:
- O mocinho: _____.
- O vilão: _____.
- O local onde se passa a história: _____
_____.
- Os demais personagens e seus feitos: _____
_____
_____
_____.

Após preencher o "quem é quem", você colocará as informações do Pico e do "quem é quem" na Introdução e incrementará com alguns detalhes que muitos pesquisadores não colocam no artigo por acharem desnecessário, mas são importantes para a aceitação.

Aqui, mostrarei uma sugestão de sequência de parágrafos para a introdução. Você não precisa seguir à risca o número de parágrafos recomendados, mas tente não alterar muito.

Primeiro parágrafo:

Apresente o **p**roblema, o "vilão". Cuidado aqui! O "problema" não pode ser apresentado de qualquer forma! Digo isso pois muitos expõem informações limitadas e por vezes esse erro tira todo o valor do estudo.

O primeiro passo é: relembrar o que você respondeu lá na Meditação sobre o problema. Você deve pensar nas consequências financeiras, emocionais e político-sociais geradas pelo que você considera um problema.

Grave isto: um problema apresentado de forma marcante é semelhante a um bolo de três andares que todos querem experimentar; os andares desse bolo representam os dados: financeiros, emocionais e político-sociais. Quando escrever sobre o problema, acrescente informações de pesquisas anteriores que abordem pelo menos **duas camadas** desse bolo.

Camada financeira: falar sobre dinheiro chama a atenção de todos! Não é à toa que há centenas de livros sobre finanças: como conquistar mais dinheiro, como se livrar de dívidas, como administrar melhor as finanças etc. Assim, você deve apresentar dados no aspecto econômico relacionado ao problema apresentado.

Por exemplo, não escreva apenas informações do tipo "as fraturas de fêmur são frequentes na população de idosos". Você deve expandir essa informação, incrementar dados científicos relacionados com a economia nessa informação; por exemplo: informar ao leitor que "as fraturas de fêmur são frequentes na população de idosos. Isso gera o gasto de mais de 16,9 bilhões de dólares ao ano, para as famílias dos idosos e para os cofres públicos" ou "o aumento da população de idosos a cada ano vem acompanhado do aumento do número de fraturas de fêmur e, consequentemente, dos gastos advindos dos cofres públicos com o tratamento".

Veja que quando o escritor fala do "aumento da população de idosos", contribui para que o leitor se interesse mais pelo assunto. O autor faz uso do conhecimento que foi ensinado no capítulo "Escrita científica envolvente" (p. 41). Assim, o leitor já inicia o processo de envolvimento com a pesquisa pela possibilidade de se enquadrar direta ou indiretamente nessa população, pois um dia será idoso ou tem um na família. Assim, há possibilidade de gastos financeiros para o leitor, que o faz se interessar mais pelo artigo.

Agora, escreva a "camada financeira":

_____

_____

_____

Camada emocional: você se lembra de alguma personagem de filme que era pobre, sofria bullying e era atacada por todos? Todos torcem por essa personagem!

Todos, de certa forma, se identificam com ela ou desejam muito que ela se dê bem. Ela tem uma função importante no enredo de um filme ou novela, ela contagia o público! Faz o público desejar conhecer mais e se relacionar com a história. Esse ponto é fundamental.

Você deve apresentar dados emocionais. Normalmente, serão dados relacionados à baixa qualidade de vida de um paciente ou das pessoas a sua volta, os transtornos emocionais que o problema tem ou gera, dados sobre estresse da população etc.

Continuando nessa linha de raciocínio, não diga apenas que "as fraturas de fêmur são frequentes na população de idosos". Apresente dados sobre o quanto a fratura repercute na qualidade de vida e felicidade do idoso ou sobre a relação existente entre idosos com fratura e estresse em familiares que são recrutados como cuidadores desse idoso.

Por exemplo: as fraturas de fêmur são frequentes na população de idosos. Isso está relacionado com a diminuição da qualidade de vida dessa população.

Agora, escreva a "camada emocional":

_____

_____

_____

Camada político-social: apresentar as consequências dos problemas no âmbito político-social fecha o raciocínio, termina o bolo de três andares dando mais sentido ao problema, e o leitor se sente mais envolvido com o assunto.

Por exemplo, no primeiro semestre de 2021, o número de trabalhadores acometidos pela doença X superou em 5% os 18 mil casos de 2020. A doença X compromete o número de mão de obra, aumenta os gastos dos cofres públicos para o tratamento e diminui o poder aquisitivo das famílias acometidas. Isso pode gerar desigualdade e exclusão social e enfraquecer uma cidade.

Agora, escreva a "camada político-social":

_____

_____

_____

_____

O problema que antes estava pouco apresentado, trabalhado e valorizado virou um problema que merece a atenção de qualquer leitor. Dessa forma, você conseguirá interagir melhor com os três tipos de leitores.

Agora, a tão esperada cereja do bolo: os números. A presença de números na introdução aumenta a credibilidade e aceitação do artigo por qualquer leitor, principalmente aqueles que têm a região racional mais aflorada. Além disso, é a melhor forma de conversar com cientistas.

Os leitores mais críticos não veem com bons olhos informações do tipo "o número de fraturas de fêmur aumentou nos últimos anos".

Veja que essa simples frase tem muitos problemas. Falta informação de qualidade relacionada ao "aumento" e aos "últimos anos". Você deve colocar dados numéricos para resolver esse problema.

Utilizando a mesma frase, responda às seguintes perguntas a fim de melhorar a frase:

1) Quanto aumentou o número de fraturas?

Você dirá algo do tipo: "os casos de fraturas subiram para 50 mil casos" ou "o número de fraturas aumentou em 50%".

Mas há um detalhe muito importante nessa segunda opção. Escrever que "aumentou em 50%" continua não dizendo muita coisa. Toda vez que você desejar apresentar um dado em forma de porcentagem, apresente uma referência.

Então, a frase ficará algo semelhante a: "o número de fraturas de fêmur aumentou em 50% em relação aos 103.544 fraturas em 2015".

Mas ainda não acabou. Precisamos resolver a questão da falta de informação em "últimos anos".

2) Quantos anos representa os "últimos anos"?

Você responderá algo do tipo: "o número de fraturas de fêmur aumentou em 50% nos últimos cinco anos, em relação às 103.544 fraturas em 2015".

Agora, sim. Você passou todas as informações necessárias. Basta juntar todas as informações e você terá o primeiro parágrafo da introdução.

Segundo e terceiro parágrafos:

Apresente mais personagens. No primeiro parágrafo, você trouxe o vilão. Agora você apresentará outros personagens, isto é, outros pesquisadores e os trabalhos deles que apresentaram possíveis soluções para o problema estudado ou que alertaram sobre o problema e a necessidade de se estudar esse problema.

A finalidade é reforçar a importância do problema e conduzir o leitor na linha do tempo para reforçar, de forma lógica, o valor da sua pesquisa em solucionar o problema. Não se trata de uma análise histórica.

Nessa parte, você escreverá dois, no máximo três parágrafos. Lembre-se de que você tem que ser direto. Você deve introduzir rápido o tema e com maestria, já que os leitores têm pouco tempo e atenção.

Quando ensino os alunos a escrever esta seção, digo que a introdução é apresentada por duas pessoas: você (autor) e outros pesquisadores, mas sempre mostrando o seu posicionamento.

Imagine que você tem dois grandes amigos que não se conhecem. Um é empresário, chamarei aqui de Ally, e deseja contratar um especialista em Inteligência Artificial e *machine learning*. O outro amigo, Bill, é um excelente profissional, especialista nessas áreas, mas está desempregado. Acredito que você, como um bom amigo, indicará o Bill para o seu amigo empresário.

Você adiantará os pontos positivos de Bill a Ally. No final da conversa, Ally já terá algumas informações sobre Bill, por exemplo, onde ele já trabalhou, os pontos positivos, estilo e o nível do profissional.

Quando o seu amigo Bill participar da entrevista, reforçará as informações que você já tinha repassado a Ally e apresentará novas para conquistar o emprego. O ato de reforçar informações de outros e apresentar complementos sobre determinado assunto fortalece a relação entre o que recebe a informação e aquele que a emite.

Assim é a introdução de um artigo científico: é contada por meio do uso das informações de outros pesquisadores (reforçadas por você) e as suas informações.

As novidades contadas por você serão os buracos científicos, **análises** de estudos anteriores sobre aquele assunto e a sua proposta para tampar esses buracos. Isso é dar seu posicionamento nessa seção.

Nesses parágrafos, os buracos científicos serão apresentados por meio da sua análise. O leitor perceberá que ainda não há nada conclusivo e são necessárias novas pesquisas. Isso contribui para apresentar o valor da pesquisa.

Um erro comum ao tentar justificar o valor e a necessidade de realizar a pesquisa é usar, unicamente, argumentos do tipo: "Não há nada na literatura sobre esse assunto". Meu professor de metodologia científica do mestrado falava que usar esse tipo de argumento pode sugerir que o autor desconhece a própria pesquisa. Primeiro, quem garante que o autor pesquisou corretamente sobre o assunto? Segundo, talvez ninguém tenha pesquisado o assunto porque ele não tem importância. Então, você pode até usar essa informação, mas complete com argumentos que deixem clara a importância do estudo.

Quando você apresenta informações de outros pesquisadores, os leitores interpretarão apenas que você está compartilhando conhecimento com o leitor e que reconhece o valor dos pesquisadores anteriores a sua pesquisa.

Mas você terá que conquistar os leitores mais críticos por meio das **análises** das pesquisas anteriores. Assim, esses leitores não acharão que você apenas copiou e colou informações de pesquisas aleatórias, mas o verão como um pesquisador que, além de ter lido diversos estudos, é detentor de conhecimentos e os compartilha, reconhece o valor dos outras pesquisas, e sobretudo, tem um **posicionamento**. Logo, contribuirá para a evolução da ciência.

Para você escrever melhor tais parágrafos, mostrarei mais alguns exemplos. Imagine que você tem estas três informações:

1. Village et al. (2020) informaram que a baixa densidade óssea indica sarcopenia.

2. Hermes et al. (2019) sugeriram que a densidade óssea não pode ser utilizada como parâmetro para indicar sarcopenia.

3. Fonseca et al. (2019) noticiaram que a alta densidade óssea diminui as chances de sarcopenia.

Caso você escreva seu parágrafo da seguinte forma, não terá sucesso na escrita:

"Village et al. (2020) informaram que a baixa densidade óssea indica sarcopenia. Já Hermes et al. (2019) sugeriram que a densidade óssea não pode ser utilizada como parâmetro para indicar sarcopenia. Por sua vez, Fonseca et al. (2019) noticiaram que a alta densidade óssea diminui as chances de sarcopenia."

No parágrafo anterior, parece que você apenas copiou e colou os resumos das pesquisas. Veja que você não analisou as informações e não se posicionou diante delas. Logo, não acrescentou nada na ciência, até mesmo porque essas informações já tinham sido publicadas.

A forma mais adequada para escrever esse parágrafo é analisar as informações, convergências, divergências, tendências etc. e se posicionar. No nosso exemplo, dois autores mostraram relação entre densidade óssea e sarcopenia e um autor não sugere relação entre elas. Então, o parágrafo ideal ficaria assim:

"Há possível relação entre densidade óssea e sarcopenia. Village et al. (2020) sugerem que a baixa densidade óssea indica sarcopenia e Fonseca et al. (2019) concluíram que a alta densidade óssea diminui as chances de sarcopenia. No entanto, Hermes et al. (2019) sugeriram que a densidade óssea não pode ser utilizada como parâmetro para indicar sarcopenia."

Viu? Analisei as três informações e me posicionei: há possível relação entre densidade óssea e sarcopenia. Esta é a minha contribuição: a evolução a partir daquelas três informações.

A partir da minha posição, eu argumento utilizando as informações dos pesquisadores anteriores – "Village et al. (2020) sugerem que a baixa densidade óssea indica sarcopenia e Fonseca et al. (2019) concluíram que a alta densidade óssea diminui as chances de sarcopenia"– e finalizo com os casos de exceção – "No entanto, Hermes et al. (2019) sugeriram que a densidade óssea não pode ser utilizada como parâmetro para indicar sarcopenia".

Quando escrevemos dessa maneira, também diminuímos as chances de cometer um plágio.

Mensagens quase subliminares na escolha dos artigos

Outro ponto que merece sua atenção é a escolha das pesquisas e como você as usará para escrever esses parágrafos.

Por exemplo, você usará três pesquisas que foram publicadas em anos diferentes: 2000; 2010; 2020. Isso pode passar ao leitor a sensação, sem que ele perceba de forma racional, de que a linha de pesquisa em que se enquadra o seu artigo é trabalhada e valorizada há um bom tempo e ainda há necessidade de novas pesquisas para alcançar o conhecimento mais completo.

Em casos de haver apenas artigos mais antigos – por exemplo: 1990, 1995 e 2000 –, o leitor pode ter a sensação de que a sua pesquisa já foi valorizada, mas agora não é mais, pois até você usou só artigos científicos antigos para "atualizar" o assunto. Ele provavelmente pensará que você noticiará "mais do mesmo".

Já artigos apenas recentes – por exemplo: 2020, 2019 e 2016 (com no máximo cinco anos) – podem passar ao leitor a ideia de que a linha de pesquisa em que se enquadra o seu artigo é inovadora e atual. Nesses casos, você terá que ter fortes argumentos na apresentação do seu método e hipóteses.

Mas caso o seu tema não seja atual e você use apenas artigos atuais, o leitor pode achar que você não fez um boa análise histórica do assunto e desconhece bons estudos que são marcos na sua linha de pesquisa. Então também mostre artigos que são referências no assunto. Lembre-se de que os avaliadores de revistas científicas normalmente são especialistas no assunto do artigo que recebem para avaliar.

No exemplo da relação entre densidade óssea e sarcopenia, usei um artigo de 2020 e dois de 2019. Mas os estudos em sarcopenia não são tão atuais, o que é atual é o estudo dessa relação. Então, seria mais adequado eu fazer uma evolução temporal com os artigos utilizados para esses parágrafos. Assim, usaria um artigo de 2000, um de 2019 e outro de 2020.

Nos exemplos anteriores eu cito apenas três trabalhos, mas você pode usar até cinco sem problemas. Mais do que isso pode ser muita informação sem valor e os leitores podem interpretar que você não conseguiu perceber quais são as mais relevantes.

Quando falo isso, normalmente me perguntam como escolher as pesquisas anteriores dentre muitas. Então eu digo: selecione todas as pesquisas que você considera dignas para a sua pesquisa, aquelas que você leu corretamente como ensinei, selecione as top dez e analise-as de acordo com os seguintes pontos:

1. Pesquisas que direcionam o leitor a seu objetivo (direcionamento).

2. Pesquisas conhecidas na sua área. Normalmente, são as que têm muitas citações e leituras, e são de autoria dos maiores pesquisadores da área (relevância).
3. Pesquisas com menores vieses (viés científico) [ver p. 39].

Seleção das top dez			
Título do artigo	Direcionamento	Relevância	Viés científico

Após colocar o título do artigo, classifique o direcionamento e relevância em: 1 (baixo), 2 (moderado) ou 3 (alto). O viés científico deve ser classificado em baixo, moderado ou alto. Quanto maior a soma entre direcionamento e relevância associada ao menor risco de viés, melhor o artigo.

Agora, selecione os dez que mais se enquadraram nesses três pontos e utilize-os.

Usar dados recentes no artigo contribui para conquistar a atenção do leitor. Isso é possível quando você apresenta o ano da publicação dentro da oração, não na citação no final da oração.

Por exemplo, imagine o leitor lendo em 2020: "Em 2019, os casos de fratura por estresse em adultos com menos de 40 anos aumentaram 30% em relação a 2018". Ele automaticamente valorizará mais o seu trabalho e perceberá que a informação é nova. Esse é um exemplo a ser seguido.

Não escreva das seguintes formas: "Os casos de fratura por estresse em adultos com menos de 40 anos aumentaram em 30% em relação a 2018 (PEREIRA et al., 2019)" ou "Os casos de fratura por estresse em adultos com menos de 40 anos aumentaram em 30% em relação a 2018.²"

No primeiro exemplo, o autor desvaloriza o dado atual ao colocar o número (2019) apenas na citação (PEREIRA et al., 2019). O leitor terá que raciocinar com mais calma e perceber que é algo atual. No segundo exemplo, piorou: o leitor terá que ir até as referências para ver a origem da informação (indicada como o número 2) e a maioria não faz isso durante a leitura, pois "quebra" o raciocínio. Logo, diminui o valor da informação. Encare da seguinte forma: a citação é para dar credibilidade a uma informação valiosa escrita por você.

Ainda sob o mesmo raciocínio, alguns autores ficam na dúvida se devem enaltecer a informação ou nome do autor. Veja duas formas diferentes:

"Pereira et al. 2020 sugeriram que parâmetros ultrassônicos são capazes de avaliar a integridade óssea" (enaltece os pesquisadores).

"Parâmetros ultrassônicos são capazes de avaliar a integridade óssea (PEREIRA et al., 2020)" (enaltece a informação).

De modo geral, prefira valorizar a informação. Mas, caso o autor da informação dê mais credibilidade à informação (por exemplo, entidades internacionais, órgãos do governo, associações profissionais ou grandes cientistas), você pode usar o primeiro caso.

Agora, escreva o segundo e terceiro parágrafos da introdução.

_____

_____

_____

_____

_____

_____

_____

Quarto parágrafo:

Apresente o mocinho da história. Aqui, você escreverá sobre a sua intervenção ou intervenções (casos em que você comparará intervenções ou utiliza a associação de duas ou mais intervenções).

Conceitue e mostre estudos que utilizaram a sua intervenção. Não precisa necessariamente que esses estudos sejam apenas da sua intervenção atuando no problema que você apresentou.

Escolha estudos que orientem o leitor a pensar: "Já sei! Ele provavelmente usará isso para solucionar o problema", porque você escreveu informações que abordam o potencial da sua intervenção nesse caso ou o potencial dela em casos semelhantes.

Por exemplo: "O Ultrassom Quantitativo (USQ) é uma ferramenta promissora para monitorar a consolidação óssea, pois apresenta baixo custo, fácil manuseio e radiação não ionizante. Métodos para caracterizar ossos por meio do USQ têm sido desenvolvidos e testados em modelos animais e apresentaram diferentes níveis de sucesso".

Agora, escreva o quarto parágrafo da introdução.

_____
_____
_____
_____
_____
_____

Quinto parágrafo:

Aqui você deixará bem claro o seu estilo de escrita, a "sua cara".

Veja que, no primeiro parágrafo, você apresentou o problema de forma geral. No segundo e terceiro parágrafos, afunilou o problema para o possível buraco científico que você abordará. No quarto, apresentou a intervenção, ou seja, como isso se dará. Aqui, você será específico.

Apresentará de forma clara qual é o buraco dentro do universo existente do problema e conectará com os trabalhos dos autores anteriores e a sua intervenção. Nesse parágrafo, ficará evidente a relação entre o *outcome* (desfecho) e o **p**roblema. Deixe bem claros a sua motivação e o seu posicionamento fazendo essas conexões.

Por exemplo: "Os diagnósticos de imagem utilizados para monitorar a consolidação óssea apresentam algumas desvantagens, como significativo custo, radiação ionizante e subjetividade do avaliador. O USQ pode minimizar os problemas dos diagnósticos convencionais feitos por imagem, aumenta a precisão dos resultados e pode monitorar com mais frequência o paciente. Assim, proporciona novos horizontes para o diagnóstico em traumato-ortopedia".

Agora, escreva o quinto parágrafo da introdução.

_____
_____
_____
_____
_____
_____

Sexto parágrafo:

Esta é a hora de apresentar ao leitor a sua ideia; é o *boom* da montanha--russa, a parte da queda. A reviravolta. Nos filmes, é quando o mocinho identifica e especifica o problema, enxerga uma possível solução que deixará todos felizes e toma a decisão de lutar, partir para cima. É o parágrafo no qual você apresentará a proposta de "tampar o buraco" que há na ciência. Aqui, você apresentará o seu objetivo.

Veja que, até aqui, o leitor já conhece o problema e as consequências dele, o histórico de pesquisas nessa linha, o possível potencial da sua intervenção em contribuir para a solução, as particularidades envolvidas entre o problema e a sua intervenção e a sua ideia.

Exemplo: "Desse modo, a presente pesquisa objetivou avaliar o potencial do ultrassom quantitativo para monitorar o processo de consolidação óssea de fraturas na tíbia de adultos sadios entre 35 e 40 anos".

Agora, escreva o sexto parágrafo da introdução.

_____
_____
_____
_____

Uma forma de testar se a sua introdução está bem escrita é pedir para alguém, de preferência que não seja da área, ler sem o objetivo da pesquisa. Após a leitura, pergunte qual é o objetivo da pesquisa. Caso a pessoa acerte, é sinal de que você conduziu corretamente o leitor, envolvendo-o, e a sua introdução foi bem escrita.

Convém ressaltar que apresentei apenas uma proposta de número de parágrafos e sequência de informações, mas isso pode ser modificado por você. Tente, porém, não se afastar muito dessa proposta.

Recapitulando

1. Escreva para os três tipos de leitores (emotivo, racional e o instintivo [prático]).
2. Escreva o **Pico**.
3. Escreva o primeiro parágrafo: apresente o **p**roblema ou **p**articipante, abordando o lado financeiro, emocional e/ou político-social.
4. Escreva o segundo e terceiro parágrafo: Apresente de três a cinco pesquisas.
5. Escreva o quarto parágrafo: apresente a **i**ntervenção ou intervenções, quando desejar **c**ompará-las ou utilizar mais de uma.
6. Escreva o quinto parágrafo: apresente o "buraco científico", o *outcome* (desfecho), sua motivação e seu posicionamento.
7. Escreva o sexto parágrafo: apresente o objetivo.

Escrevendo a seção Materiais e métodos

"O método científico é comprovado e verdadeiro.
Não é perfeito, é apenas o melhor que temos.
Abandoná-lo, com seus protocolos céticos,
é o caminho para uma idade das trevas."

Carl Sagan

Os grandes filmes do cinema também apresentam uma seção semelhante com a seção materiais e métodos ou métodos, também denominada metodologia. Após o *boom*, a queda na montanha-russa, inicia-se o segundo ato. **Nesta seção, você mostrará os detalhes para obter a solução para o problema exposto por você.** É uma parte da subida, um ato tranquilo, sem fortes emoções.

No filme *Homem de Ferro*, o herói, Tony Stark, se prepara para sair da caverna, construindo uma grande armadura para combater os vilões. Nesse ato, o herói mostra os preparativos para sair da caverna, os materiais que utilizou, esquemas e cálculos, como era a armadura, quem o ajudou, qual foi o passo a passo para preparar a armadura. No artigo, você fará algo semelhante.

Dependendo do tipo do seu estudo, você terá que colocar algumas informações mais específicas, por exemplo, equações e fórmulas. Mas, de forma geral, todos os tipos de estudos seguem o mesmo estilo de apresentação.

Para escrever essa seção siga os seis passos:

1. Escreva o tipo do seu estudo.

    Estudos de intervenção (ensaios clínicos): segundo a Organização Mundial da Saúde (OMS), ensaio clínico é qualquer estudo que envolva humanos ou grupos de humanos para investigar o(s) efeito(s) de uma ou mais intervenções relacionadas à saúde para avaliar o(s) efeito(s) sobre resultados de saúde. Algumas revistas solicitam para ensaios clínicos o número do registro Consort – Consolidated Standards of Reporting Trials (www.consort-statement.org).

    Exemplo: ensaios clínicos controlados não randomizados e ensaios clínicos randomizados (ECRs).

Estudos observacionais: estudos que relacionam algo a um desfecho. Recomendo que siga a declaração Strobe (http://strobe-statement.org/index.php?id=strobe-home).
Exemplo: estudo de coorte, estudo de caso, estudo transversal e longitudinal.
Estudos qualitativos: estudos exploratórios em que não há quantificação.
Exemplo: etnografia, pesquisa participativa, pesquisa-ação e análise temática.
Revisão sistemática: estudos que analisam e/ou integram a literatura sobre uma pergunta específica. Em estudos de revisão sistemática da literatura, você apresentará o número do PROSPERO – International Prospective Register of Systematic Reviews (https://www.crd.york.ac.uk/prospero/).
Estudos sobre tradução e adaptação cultural de questionários ou instrumentos: estudos que traduziram ou adaptaram questionários ou instrumentos para um novo local. Convém ressaltar que é necessária a autorização dos detentores dos direitos do estudo original.
Estudos metodológicos: estudos que desenvolvem ou investigam materiais e métodos de pesquisa. Recomenda-se o uso das Diretrizes para Relatar Estudos de Confiabilidade e Concordância (https://pubmed.ncbi.nlm.nih.gov/21130355/).
Protocolos de ensaios clínicos: você deve usar a declaração Spirit durante a formatação do manuscrito (www.spirit-statement.org).
Comunicações breves: são textos breves e com resultados não tão robustos.
Artigos de estado da arte: é um tipo de artigo que apresenta o estado da arte sobre um determinado assunto. Normalmente, os autores recebem um convite dos editores da revista para escrever esses artigos.

Desse modo, o início do parágrafo ficará algo semelhante a: "Trata-se de uma revisão sistemática da literatura…" ou "Trata-se de um estudo experimental…".

2. Apresente os princípios éticos, caso seja necessário para o tipo da sua pesquisa, por exemplo, estudos com seres humanos e com animais. No caso de estudos envolvendo seres humanos (por exemplo, ensaios clínicos e questionários), apresente o número do protocolo de aceitação do Comitê de Ética em Pesquisa (CEP) e informe sobre o processo e o Termo de Consentimento Livre e Esclarecido (TCLE). Em estudos com animais, o número do Comitê de Ética em Uso de Animais (Ceua).

Além disso, reforce os princípios éticos informando as diretrizes que você seguiu. Por exemplo:

Em humanos: Diretrizes Internacionais para Pesquisas Biomédicas Envolvendo Seres Humanos, Declaração de Helsinque, Leis Federais n. 8.080 e n. 8.142 de 1990, n. 8.974 de 1995 e a Resolução n. 196/96 do Ministério da Saúde.

Em animais: *Guide for Care and Use of Animals in Research*, Colégio Brasileiro de Experimentação Animal (Cobea) e Lei Federal n. 6.638.

Patrimônio genético: Legislação Brasileira de acesso à Biodiversidade (Lei Federal n. 13.123/2015).

3. Mostre as características da amostra, dos voluntários ou do objeto a ser estudado.

Em estudos com animais em que há monitoramento da amostra, é importante mostrar o peso do animal no início e no final do experimento.

Para animais, apresente:

Linhagem.

Gênero e espécie.

Sexo do animal.

Peso do animal (média aritmética e desvio padrão).

Exemplo: "Foram utilizados 54 ratos Wistar (*Rattus Norvegicus Albinus*), machos, pesando $260 \pm 0{,}21\,g$".

Para humanos, apresente:

Sexo.

Idade.

Peso (em alguns casos).

Condição clínica.

Exemplo: "Este estudo avaliou 46 indivíduos saudáveis, sendo 26 do sexo masculino e vinte do sexo feminino, com idades entre 30 e 40 anos".

4. Descreva todo o processo (estratégias) e procedimentos necessários para que outro pesquisador realize outra pesquisa, de tal modo que atinja o objetivo e encontre resultados semelhantes aos seus. Caso você use protocolos ou métodos de outras pesquisas, cite-as. Além disso, em estudos com voluntários é importante informar o processo de captação destes.

5. Apresente a precisão, versão, empresa, cidade, estado e país da empresa dos equipamentos que você utilizou no estudo. Algumas revistas solicitam apenas a versão, empresa e país. Exemplo: o software SigmaStat, versão 3.5 (Systat Software Inc., EUA) foi utilizado para as análises estatísticas. Espera-se que o equipamento utilizado esteja calibrado e ajustado. Informe sobre isso ao leitor.

Convém ressaltar que algumas revistas descartam a necessidade de informar o nome do software estatístico utilizado. Isso porque o resultado dos cálculos deve ser o mesmo independente do software. Confira nas normas da revista.

O que deve ser informado em todos os artigos é o nome dos testes estatísticos, quando utilizados.

6. Escreva sobre o tratamento dos dados. Como os dados foram analisados? Onde foram organizados? Quais foram os métodos estatísticos utilizados?

Em casos de pesquisas que apresentam métodos longos, protocolos com diversas fases, a presença de diagramas e imagens que explicam o processo é bem aceita pelos leitores por melhorar a compreensão do conteúdo apresentado. Lembre-se de que um bom poder de síntese faz toda a diferença nos artigos científicos. Convém ressaltar que você só deve utilizar imagens quando elas forem realmente úteis para esclarecer o conteúdo do seu trabalho.

Quando usar e não usar imagens?

- Não use imagens quando o conteúdo delas é o mesmo do que foi exposto no corpo do texto (redundância textual).
- Use-as para esclarecer uma parte citada no texto.
- Não use quando a qualidade da imagem não ajuda a explicar o conteúdo apresentado. Esta é uma das causas da rejeição sem a revisão por pares.
- Use figuras quando a ideia é muito difícil de explicar no texto.

Como, geralmente, as revistas impõem limites de páginas, uma figura pode valer literalmente muito mais que mil palavras.

Atualmente, as imagens são supervalorizadas pelas revistas científicas. Muitas solicitam aos autores um *graphical abstract* (https://www.elsevier.com/authors/journal-authors/graphical-abstract) e/ou *video abstract* para aumentar a visibilidade do artigo quando publicado.

Tipos de imagem que você pode utilizar no seu artigo

Fotos: use apenas fotos de algo que seja pouco conhecido ou que esteja em uma nova perspectiva. As fotos facilitam que o leitor veja a aparência, manifestação, forma e o tamanho real (use escalas) do que você apresenta. Exemplo: foto de uma nova espécie ou equipamento, mapa de distribuição de produtos e serviços, e estruturas de uma cidade medieval.

Pranchas: facilitam a exploração de detalhes de uma estrutura, espécies, ambientes e equipamentos. Exemplo: desenho de embarcações de civilizações antigas e pintura de um organismo vivo.

Esquemas: são resumos simples que explicam protocolos, processos e relações entre ideias e variáveis. Exemplo: fluxogramas, organogramas e mapas mentais.

Quando você tem diversas imagens para apresentar e estão relacionadas entre si, não use cada uma como uma figura. Normalmente, o número de figuras que você pode usar no artigo é limitado. Desse modo, use em uma figuras vários quadros (painéis de figuras), por exemplo: Figura 1A; Figura 1B; Figura 1C. Assim, você coloca três figuras como uma e facilita a análise na relação entre elas. Algumas revistas adotam a sinalização dos quadros em números. Confira nas normas daquela à qual você submeterá seu artigo.

A	B	C

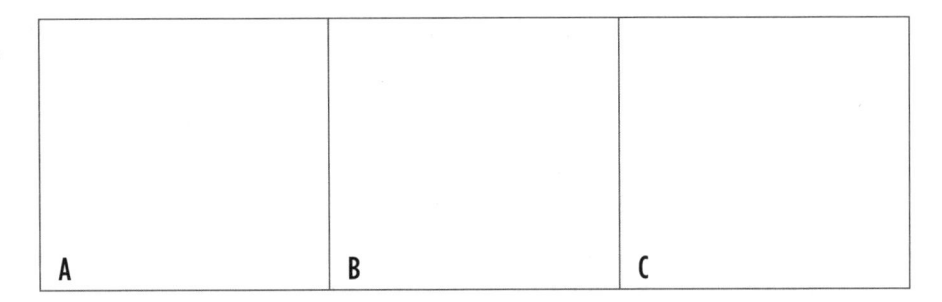

Figura 1: A – análise postural em vista anterior; B – análise postural em vista posterior; C – pontos específicos a serem analisados com o paciente saltando.

As imagens devem estar relacionadas a uma parte específica do texto e nela devem ser citadas para facilitar a leitura do texto.

Por exemplo: "O processo de avaliação de saltadores com dores nos joelhos deve ser realizado em vista anterior, vista posterior e analisando pontos específicos durante o salto (Figura 1)".

Não escreva textos do tipo: "A Figura 1 mostra o processo de avaliação de saltadores com dores nos joelhos, que deve ser realizado em vista anterior, vista posterior e analisando pontos específicos durante o salto".

Revistas que proíbem a apresentação de conteúdo visual no corpo do texto são incomuns, mas, caso essa seja uma norma da revista a que você submeterá o trabalho, certifique-se de numerar as figuras corretamente e de citá-las estrategicamente na parte do texto onde se referem.

Verifique se a revista solicita título ou apenas legendas nas figuras. Caso seja possível colocar títulos, faça isso.

Imagens em 3D são bonitas, mas podem criar confusão visual para o leitor. Utilize-as apenas quando não conseguir expressar em 2D.

Em imagens em que o leitor precisa ter noção das dimensões, use escalas numéricas. As escalas em cores facilitam distinguir estruturas.

Você pode construir figuras profissionais gratuitas no Canva (www.canva.com). Siga o passo a passo:

1. Faça o cadastro.
2. Escolha um *template*. Os mais utilizados na ciência são: infográficos, mapas conceituais e mapas mentais.

3. Edite de acordo com o seu objetivo. Do lado direito da tela (no caso de computadores), aparecerão as funções. Você pode fazer o upload de alguma imagem que você tem ou usar alguma do próprio Canva (fotos), pode usar elementos (elementos), colocar textos (textos) ou trocar o fundo (fundo).

Caso você queira fazer a figura com ajuda de um colaborador do artigo remotamente, pode criar uma equipe para isso (www.canva.com/teams). Para maiores informações de como utilizar o Canva, você pode acessar www.canva.com/pt_br/aprenda.

Outra ferramenta que pode ser utilizada para esse fim é o PowerPoint. Mas recomendo utilizá-lo em conjunto com as imagens científicas de alta qualidade editáveis em PowerPoint fornecidas pela empresa Servier Medical Art (https://smart.servier.com). Na caixa de busca, basta escrever, em inglês, o desenho que você deseja ou clicar no campo (*anatomy and the human body*, *cellular biology*, *medical specialties* ou *general items*) em que se enquadra o desenho que procura e depois realizar o download. Convém ressaltar que você pode usar essas figuras baixadas também no Canva, com algumas limitações na edição.

Caso queira editar em uma plataforma profissional para ilustrações científicas, você pode usar a BioRender (www.biorender.com), porém essa opção não é gratuita.

Use o Vectr (https://vectr.com) caso almeje uma ferramenta de gráficos vetoriais de uso gratuito. Outra ferramenta bem semelhante ao Vectr é o Inkscape (https://inkscape.org/pt-br/sobre/), um editor gratuito de gráficos vetoriais semelhante ao Adobe Illustrator.

Caso você não tenha tempo e queira uma ajuda profissional, pode contratar os serviços especializados em imagens científicas, como a Monney Medical Media (http://www.monneymedicalmedia.com).

O ImageJ (https://imagej.nih.gov/ij/) é um programa gratuito de processamento de imagem que permite que os usuários editem, analisem, processem, salvem e imprimam imagens em várias escalas.

Leia com atenção as normas da revista. Algumas têm peculiaridades, e um vacilo nas normas pode provocar a rejeição do seu artigo. Editores recomendam imprimir as imagens antes de submeter o artigo, para analisar a qualidade e "ver" alguns erros que a tela do computador esconde.

No final da seção métodos, o carrinho da montanha-russa encontra-se novamente no ápice. Cria-se um momento de tensão, na espera da queda.

Recapitulando

1. Nesta seção, você fornece detalhes suficientes para obter a solução para o problema exposto por você e para que outros pesquisadores consigam reproduzir os experimentos apresentados no artigo.
2. Escreva o tipo do seu estudo.
3. Apresente os princípios éticos (quando necessário).
4. Mostre as características da amostra.
5. Descreva todo o processo (estratégias) e procedimentos.
6. Apresente a versão, empresa, cidade, estado e país da empresa dos equipamentos que você utilizou no estudo.
7. Escreva sobre o tratamento dos dados.

Escrevendo a seção Resultados

"Queremos ter certezas e não dúvidas, resultados e não experiências, mas nem mesmo percebemos que as certezas só podem surgir através das dúvidas e os resultados somente através das experiências."

Carl Jung

O início da seção resultados é um novo *boom*. Nos filmes, esse é o ato que chamo de "chegou a hora". Após entender o problema e propor uma solução (introdução), e o mocinho (objetivo da pesquisa) trabalhar (métodos) para executar o plano, ele chega ao primeiro esboço do possível final feliz: resultados.

Chegou a hora de ver no que deu. Nesta seção, você será direto! Não realizará grandes comentários ou justificativas. Não analisará os resultados. Apenas apresente o que você achou após realizar todo o seu método.

É comum se deparar com diversos resultados. Mas, apresente apenas aqueles que contribuem para responder o objetivo da sua pesquisa.

Convém ressaltar, que nem sempre os resultados responderão de forma direta o objetivo. Assim, há necessidade de analisar os resultados encontrados e a partir deles formular uma conclusão.

Os especialistas em marketing digital alertam que os conteúdos visuais estão em alta. Eles são poderosos, agregam valor e atraem o público. Além disso, gráficos, tabelas e desenhos podem informar, condensar o conteúdo e facilitar a explicação de algo bem complexo. Isso contribui para envolver o leitor, "descansa a vista". Semelhante à seção métodos você também poderá fazer uso de imagens.

Artigos com conteúdo visual são bem mais aceitos pelos editores e leitores. Para o público não especialista, a presença de figuras deixa o artigo mais acessível ao entendimento e mostra que o autor do artigo se preocupou em deixar mais claro o conteúdo. Mas, para que isso seja possível, é necessário que você tenha em mente alguns pontos-chave, como:

1. Usar figuras com qualidade (300 dpi). Muitas revistas cobram uma resolução mínima nas figuras.
2. Usar figuras autoexplicativas, que resumam o conteúdo. Caso haja símbolos e siglas nos conteúdos visuais, especifique o que significa e use a legenda para isso.
3. Usar paletas de cores para deixar a imagem mais profissional.
4. Usar setas e caixa de texto para identificar estruturas. Algumas revistas recomendam que se identifique estruturas com números ou letras e acrescente uma legenda em vez de escrever o nome da estrutura na caixa de texto. Sendo assim, confira isso nas normas da revista.

Você pode usar o criador de gráficos do Canva (www.canva.com/pt_br/graficos), que acompanha passo a passo a construção do seu gráfico.

1. Você coloca o nome do seu gráfico.
2. Você terá duas opções, ir direto para o modelo de gráfico que você quer ou receber ajuda do Canva para escolher o seu gráfico.
3. Caso marque a opção "receber ajuda", você precisará responder ao que você deseja mostrar com o gráfico.
4. Escolha, dentre as opções sinalizadas pelo Canva, a mais adequada ao seu objetivo.

5. Entre com os dados e edite cores, fontes e tamanho das fontes. Cuidado com os gráficos coloridos – algumas revistas cobram por isso. Além do mais, imagine um pesquisador que imprimiu o seu artigo em escala de cinza, será que ele entenderá em escala de cinza o que foi feito em cores? Veja se vale a pena utilizar o preenchimento com diferentes formas (listras, tracejado, pontilhados...). Imprima a sua figura e avalie-a quanto à clareza das informações.

Além do Canva, você pode usar o Excel para fazer os gráficos. Também pode usar alguns softwares gratuitos mais específicos para isso, por exemplo, o R (https://www.r-project.org) e o Bioestat (https://www.mamiraua.org.br/downloads/programas/). Normalmente, os softwares que auxiliam na estatística também oferecem a opção de gerar gráficos.

Para facilitar na escolha do gráfico a ser utilizado, utilize a "bússola dos gráficos".

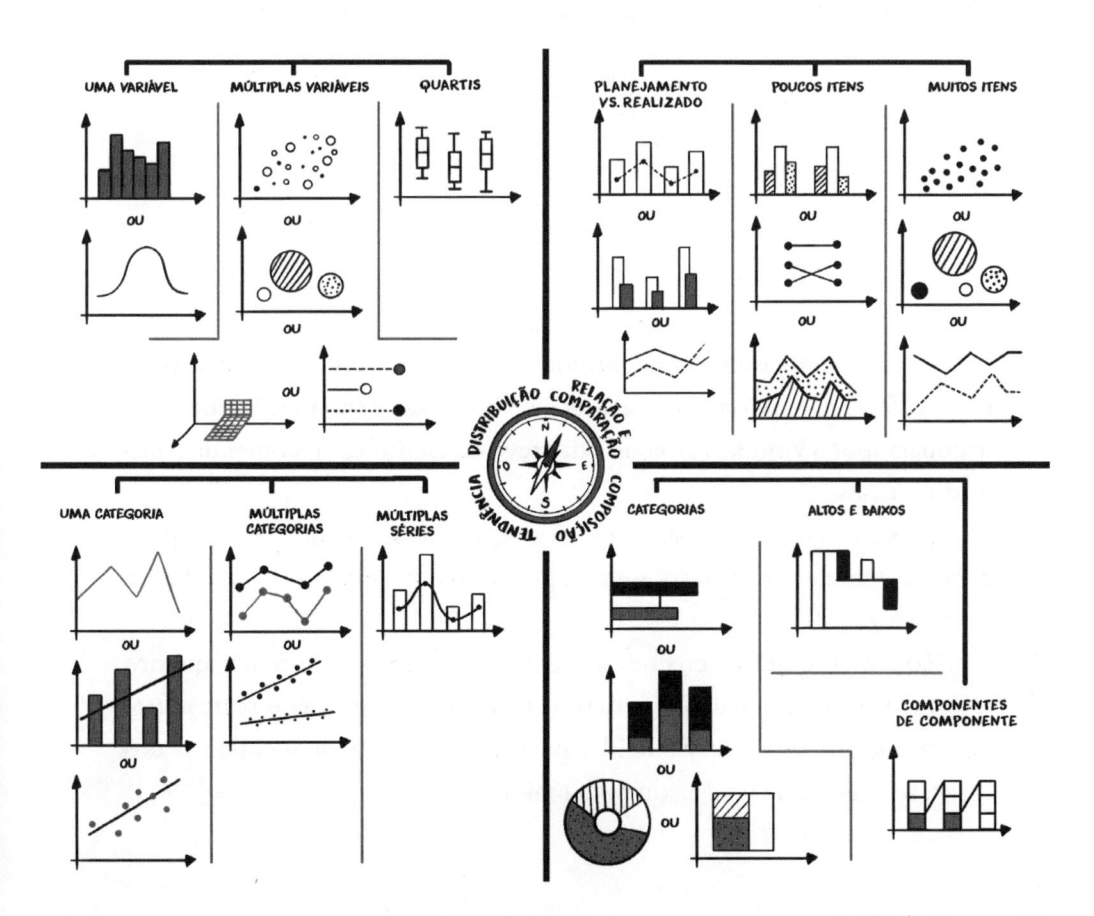

A tabela precisa apresentar título, cabeçalho, coluna indicadora e o corpo da tabela.

Título: um bom título de tabela informa **o que** está sendo analisado, **local** onde foram obtidos os dados e **período** dos dados.

Cabeçalho: encontra-se na região superior da tabela e informa o conteúdo da(s) coluna(s). Para grandezas físicas, acrescente a unidade utilizada entre colchetes e em algumas revistas adotam entre os parênteses.

Coluna indicadora: encontra-se, normalmente, à esquerda e informa o conteúdo das linhas.

Corpo: são as células onde você colocará o resultado que deseja apresentar. Não precisa colocar as unidades, pois você já as informou no cabeçalho.

Exemplo:

Venda de sorvetes de abril a julho de 2019 na ilha de Mosqueiro, Belém, Pará

Mês	População	Vendas	Coeficiente de vendas [%]
Abril	47.000	3.400	7,23
Maio	47.100	3.230	6,86
Junho	47.369	4.100	8,66
Julho	49.563	24.256	48,94

Um erro bem comum encontrado nas tabelas, mas com que se deve ter cuidado em todo o texto, é a falta de padronização do número de casas decimais após a vírgula. A maioria das revistas científicas recomenda o uso de duas casas.

Apresente o resultado estatístico caso seja necessário. Mostre mais que o p-valor. Quando possível, apresente o poder do teste, intervalo de confiança e o p-valor.

Não é meu objetivo ensinar estatística aqui, mas montei um quadro resumo de testes estatísticos, com base na obra *Estatística sem matemática para psicologia*, de Dancey e Reidy, que o ajudará a avaliar, na maioria dos casos, se o teste que você usou foi o mais adequado.

Testes estatísticos de acordo com o objetivo		
Objetivo de aplicar a estatística	Teste paramétrico	Teste não paramétrico (alternativo)
Comparar — Dois grupos independentes (não relacionados)	*t* independente (t) (para tamanho da amostra pequeno) ou teste z	Mann-Whitney (U)
Comparar — Dois grupos dependentes (relacionados)	*t* pareado (t) (para tamanho da amostra pequeno) ou teste z	Wilcoxon (W ou t)
Comparar — Três ou mais grupos independentes (não relacionados)	ANOVA independente (F)	Kruskal-Wallis (H)
Comparar — Três ou mais grupos dependentes (relacionados)	ANOVA relacionada (F)	Friedman (F)
Quantificar a associação entre duas variáveis	*r* de Pearson	*p* de Spearman

Outro erro que dificilmente provoca a rejeição do artigo, mas é detectado com certa frequência pelos revisores, é o emprego errado da nomenclatura tabela e quadro. Veja que, neste capítulo, apresentei uma tabela e depois um quadro.

Qual a diferença entre tabela e quadro?

As **tabelas** são formadas por colunas, não apresentam bordas laterais e geralmente são utilizadas para dados quantitativos (números). Já os **quadros** são formados por linhas verticais e horizontais, apresentam bordas laterais e são, geralmente, utilizadas para apresentar dados qualitativos (textos).

Caso ainda esteja com problemas com a estatística da sua pesquisa, recomendo ler o livro *Estatística sem matemática para psicologia* de Christine Dancey e John Reidy.

Além dessa leitura, os links abaixo podem ajudar:
- Calculadora estatística (https://pt.symbolab.com/solver/statistics-calculator).

- Calculadora de tamanho de amostra (https://pt.surveymonkey.com/mp/sample-size-calculator/).
- Calculadora de coeficiente de correlação linear (http://www.gyplan.com.br/pt/correlation_pt.html) ou (https://www.easycalculation.com/pt/statistics/correlation.php).
- *It's time to talk about ditching statistical significance* (https://www.nature.com/articles/d41586-019-00874-8).
- A escolha do teste estatístico – um tutorial em forma de apresentação em PowerPoint (https://doi.org/10.1590/S2176-94512010000100012).

Algumas revistas aceitam vídeos e áudios na seção resultados. Esta é a tendência. Você pode usar diversos aplicativos e softwares para isso, mas recomendo o Canva ou o InShot (http://www.inshot.com) para editar vídeos e áudios facilmente. Cuidado para não o fazer de tal modo que modifique os resultados, o que seria um exemplo de má conduta científica.

Recapitulando

1. Apresente o que você achou após realizar o seu método.
2. Seja direto, não realize grandes comentários ou justificativas.
3. Use figuras com qualidade (300 dpi).
4. Use figuras autoexplicativas.
5. Use paletas de cores para deixar a figura mais profissional.
6. Use setas e caixa de texto para identificar estruturas.
7. Quando possível, apresente o poder do teste, intervalo de confiança e o p-valor.
8. As tabelas são formadas por colunas, não apresentam bordas laterais e geralmente são utilizadas para dados quantitativos (números).
9. Os quadros são formados por linhas verticais e horizontais, apresentam bordas laterais e são, geralmente, utilizados para apresentar dados qualitativos (textos).

Escrevendo a seção Discussão

"O objetivo da argumentação, ou da discussão, não deve ser a vitória, mas o progresso."
Joseph Joubert

Nos filmes, este ato é aquela parte em que há várias batalhas menores, aparecem diversos personagem tanto para confirmar a força de vontade do herói quanto para desafiá-lo. Este ato é bem trabalhado, normalmente mais demorado, cheio de detalhes, quando se prepara o herói para a "grande batalha" e a tão esperada vitória.

Há mistura do emocional com racional. Na montanha-russa, é o trecho que há diversos altos e baixos curtos, mas que de forma geral sobe, preparando para uma grande descida que terminará a viagem.

Nos artigos científicos, chamo este ato de "combates". Nele, você pegará os seus resultados e colocará de frente com os de outros pesquisadores. Mas cuidado! Apresente apenas informações que direcionam a conclusão. Faça um texto enxuto.

Neste momento, você passeará com o leitor nas interpretações de todos os seus resultados. Mostre os seus resultados e as convergências e divergências com outras pesquisas.

Deixe claros o seu posicionamento, o "buraco científico" que a pesquisa tampou, o avanço científico proporcionado pela sua pesquisa e as justificativas para chegar à conclusão. O artigo científico é um texto argumentativo. Para isso:

1º passo: relembre o leitor sobre o seu objetivo. Apresente novas justificativas, que completam as informações apresentadas no seu artigo. Não gaste mais de um parágrafo para isso.

2º passo: justifique o seu método.

3º passo: crie hipóteses para os resultados e justifique-as.

4º passo: siga a mesma sequência da apresentação dos seus resultados. Assim, você cria uma linha de raciocínio e envolve o leitor, pois chegarão juntos à mesma conclusão.

5º passo: mostre as limitações do seu estudo.

Quando digo para escrever as limitações, você deve pensar primeiro nos próximos passos para que o conhecimento na sua linha de pesquisa evolua. Depois disso, veja o que faltou na sua pesquisa que teria acarretado o não alcance desse próximos passo.

Perceba que você precisa encontrar algo que só seria conquistado se já tivessem uma pesquisa igual à sua. O leitor não pode ter a sensação de que você fez algo errado que pode ser considerado um viés científico. Escreva a verdade, mas de uma forma profissional. Lembre, se uma pesquisa não agrega valor, por que realizá-la ou publicá-la?

O que quero é chamar a atenção para o cuidado que você deve ter ao apresentar sua pesquisa, uma vez que, dependendo da forma como escreve, ela pode ser valorizada ou desvalorizada.

As principais limitações descritas nos artigos científicos (que você deve ter cuidado em descrever) são:

Número de amostra pequeno. Para que o crítico leitor não deixe a sua pesquisa de lado, por achar que você falhou em não conseguir uma amostra maior, justifique o motivo com base no seu achado.

Caso este seja o seu problema e não haja como aumentar a amostra, deixando-a de um tamanho mais representativo (casos de doenças raras, por exemplo), escreva: "Devido à raridade da doença não foi possível haver amostra maior, assim, há necessidade de aumentar a amostra a fim de comprovar os achados da presente pesquisa".

É comum que alguns estudos não encontrem o efeito tão desejado e usem de forma indiscriminada as famosas "tendências" para justificar a conclusão. A maioria dos revisores das grandes revistas científicas veem o uso das "tendências" como uma forma de induzir a conclusão, pois, se aparecem apenas "tendências" nos resultados, é porque faltaram dados para mostrar o verdadeiro efeito do estudo. Trate as "tendências" como exatamente o que elas são: tendências e cuidado com o que se conclui com base nelas.

Falta ou carência de pesquisas sobre o tema abordado. Essa limitação é frequente nos artigos, mas caso pense em escrever sobre isso, antes de assumir essa informação, amplie a sua pesquisa utilizando diversas bases de dados. Se realmente não encontrar novidades, informe que a busca por documentos científicos sobre o assunto foi extensa. Convém até citar as bases de dados que utilizou. Além disso, informe que esta limitação sugere novos buracos na literatura e, consequentemente, há necessidade de novas investigações.

Veja que a sua discussão deve estar de acordo com suas limitações e seus resultados. Não crie hipóteses que desconsideram as limitações encontradas por você nem conclua algo além do que está limitado. Não faz sentido. Por exemplo, o autor sabe que o tamanho da amostra utilizada não é significativo e que uma amostra de tamanho significativo poderia apresentar resultados diferentes, logo, é prudente ele sugerir em vez de afirmar.

Assim, isso facilita que você apresente os próximos passos. Um parágrafo curto, no último parágrafo da discussão, sobre os passos futuros da sua pesquisa é bem aceito por algumas revistas. Veja se esse é o caso da revista à qual você submeterá o artigo.

No final da discussão, o leitor já entendeu o seu raciocínio e deve ter uma boa noção do que esperar na conclusão. Isso porque você mostrou argumentos lógicos e ordenados. Nos filmes, esta é a fase em que o mocinho venceu todas as pequenas batalhas e vai em direção ao combate final.

Recapitulando

1. Relembre o leitor do seu objetivo. Apresente novas justificativas, que completam as informações apresentadas no seu artigo.
2. Justifique o seu método.
3. Interprete e argumente todos os resultados encontrados.
4. Crie hipóteses para os resultados e justifique-as.
5. Siga a mesma sequência da apresentação dos seus resultados. Assim, cria-se uma linha de raciocínio que envolverá o leitor, pois chegarão juntos à mesma conclusão.
6. Deixe claro o seu posicionamento.
7. Mostre as limitações do seu estudo.

Escrevendo a seção Conclusão

É a última etapa do filme, a última queda da montanha-russa. É o combate final. Tudo se encerrará. Aqui você deve apenas responder diretamente o seu objetivo, construído por meio do Pico.

Seja direto e claro. Não use mais do que um parágrafo para responder. Tudo que era para ser explicado e justificado já foi informado nas seções anteriores.

Quando pedi ao Prof. Dr. Wagner C. A. Pereira, reconhecido como um dos pesquisadores mais produtivos do Brasil, uma dica de ouro para escrever uma conclusão de sucesso, ele revelou: "É comum pesquisadores lerem inicialmente a conclusão de um artigo, para ver se vale a pena lê-lo ou não. Portanto, uma conclusão objetiva pode fazer a diferença entre o trabalho ser atraente ou não para potenciais interessados".

Imagine que o objetivo da pesquisa seja: avaliar o potencial do ultrassom quantitativo para monitorar o processo de consolidação óssea de fraturas na tíbia de adultos sadios entre 35 e 40 anos. A sua conclusão poderá ser: o ultrassom quantitativo é um método eficaz para monitorar o processo de consolidação óssea de fraturas na tíbia de adultos sadios entre 35 e 40 anos.

14. COMO CONSTRUIR TÍTULOS CIENTIFICAMENTE INTERESSANTES?

Imagine o escritório do editor. Lá está um(a) pesquisador(a) consagrado(a) pela comunidade científica, rodeado(a) de livros e diplomas pendurados na parede, sentado(a) em uma cadeira confortável e, de horas em horas, saboreando uma deliciosa caneca de café que exala o aroma por todo o corredor, enquanto lê com atenção dezenas de artigos científicos na tela brilhante do computador. Isso se repete diariamente.

Chegam até ele(a) diversos artigos com um título "sem graça" e pouco informativo. Automaticamente, ele(a) os colocará para o final da fila. Segundo alguns editores e revisores, quando recebem artigos desse tipo, desconfiam que terão que dispender bastante tempo para que o título ruim não comprometa negativamente a análise de todo o artigo. Assim, preferem deixá-los para depois ou nem aceitam o convite para corrigir.

Talvez isso explique a dificuldade em conseguir a colaboração de revisores. Então, tenha cuidado com o título. Construir títulos é uma tarefa difícil, cientificamente interessantes, pior ainda. O título é o cartão de visitas do conteúdo! A sua meta é conquistar o leitor pelo título dentre diversos trabalhos.

Você pode estar pensando: "Aaah... Assim como não podemos avaliar um livro pela capa, não podemos avaliar um artigo científico pelo título". Concordo em parte.

O título expressa muito sobre a personalidade do autor, o cuidado dispendido, a valorização dessa parte do artigo e, até mesmo, o grau de conhecimento sobre o assunto. Assim, títulos ruins contribuirão para criar um clima de que o artigo também será ruim.

É o título que aumentará as chances do leitor passar para o próximo estágio da leitura, isto é, o resumo e, caso esteja tudo certo, a introdução e assim por diante. Aí, sim, o artigo terá chances reais de ser aceito e, depois de publicado, lido.

O título deve ser:
- de fácil assimilação: use palavras simples.
- específico: use palavras-chaves no título.
- de tamanho adequado: nem muito curto, nem muito longo.
- envolvente: informativo e conclusivo ou instigante.

Geralmente, títulos com erros grosseiros de ortografia e gramática já preparam o coração do editor para cenas chocantes de assassinatos da língua ao longo do artigo. Então, repassar textos desse tipo para a análise dos revisores acaba sendo falta de consideração. Facilmente, esse artigo será rejeitado. Peça para que outra pessoa qualificada leia o seu texto e corrija.

É muito fácil perceber a enorme importância de um título. Veja as manchetes de jornais: o título da manchete representa, de certa forma, todo o conteúdo do jornal. Sem um bom título, as vendas dos jornais serão fracas. Veja os posts nas redes sociais: posts com títulos avassaladores conquistam vários cliques, curtidas, leituras e análises. Tem gente ganhando muito dinheiro vendendo ótimos títulos. Pense nisso!

Ao realizar uma busca no Google Acadêmico por artigos científicos, publicados entre 2014 e 2018, utilizando como palavras-chaves "cirurgia bariátrica", apenas em português, temos 3.860 resultados. Nesse meio, há muitos artigos importantíssimos e interessantes, que não são lidos por não terem um bom título.

Convém salientar que pelo menos os títulos dos artigos estarão livres para serem lidos on-line, até mesmo, nas revistas pagas. Isso significa que o Google utilizará as palavras contidas no título para identificar aquele material. Dessa forma, cada palavra deve ser escolhida com muito cuidado.

Para escrever bons títulos, nos dias de hoje, você deve escolher um dos quatro métodos a seguir que se ajuste melhor à sua pesquisa.

1. Método da conclusão.
2. Método Pico.
3. Método das palavras-chaves.
4. Método "o quê?", "onde?" e "quando?".

Método 1

Método da conclusão

1. Não mostre o que você fez, mostre o que você encontrou.

Não apresente títulos semelhantes a estes:
- Estudo comparativo entre ultrassom e laser terapêutico em pacientes diabéticos com úlceras.
- Um estudo sistemático sobre protocolos de tratamento para dor na coluna.
- Estudo clínico-epidemiológico da fratura em galho verde em população infantil.
- Efeito do tratamento fungicida em sementes de pimentão.
- Treinamento muscular inspiratório em pacientes traqueostomizados em um hospital do Pará.

Veja que, nos artigos citados acima, os autores focaram no método. Em vez disso, foque na conclusão da pesquisa. Não pense que informar logo o grande resultado será uma espécie de "*spoiler* científico" e o artigo perderá o interesse.

Os pesquisadores Jonathan Leavitt e Nicholas Christenfeld, do Departamento de Psicologia da conceituada Universidade da Califórnia (Estados Unidos), publicaram um estudo na revista *Psychological Science* em que asseguram que conhecer o final da história antes de ler não prejudica a experiência. Na verdade, você passa a gostar mais da história. Isso é chamado de "paradoxo do *spoiler*".

Nesse estudo, os 819 voluntários leram histórias de autores como John Updike, Agatha Christie e Anton Tchekhov. As narrativas foram apresentadas em três formatos: o final revelado em um texto independente que precedeu a história, o *spoiler* incorporado no primeiro parágrafo da história e histórias sem *spoiler*. Os voluntários da pesquisa preferiram as versões com *spoiler* em vez das sem *spoiler*, sendo que eles preferiram as histórias quando o *spoiler* foi apresentado como texto independente.

Desse modo, lembra seu Pico (p. 81-83)? Qual é a resposta para a pergunta formada pelo Pico?

Use a resposta do Pico como título. Ele será o seu *spoiler*.

Por exemplo:

P: lombalgia em jovens entre 16 e 18 anos.

I: tratamento não cirúrgico.

C: não foi explorada (lembre que essa letra não é obrigatória).

O: diminuir a dor lombar.

Assim, podemos ter como objetivo do estudo: "Qual o melhor tratamento não cirúrgico para o diminuir a dor em jovens entre 16 e 18 anos com lombalgia?".

Suponhamos que a cinesioterapia tenha sido o achado do estudo (resposta do objetivo do estudo), o título poderá ser: "A cinesioterapia é o melhor tratamento não cirúrgico para diminuir a dor lombar em jovens entre 16 e 18 anos".

Método 2

Método Pico

1. Use a própria pergunta Pico como título.

Esse método é super-rápido, pois você já tem isso pronto. Basta realizar pequenos ajustes a fim de garantir coesão e coerência.

Este tipo de título terá um ar instigante. Mas cuidado: você não pode ultrapassar os limites do rigor científico e tornar o título sensacionalista.

O objetivo deste método é despertar a curiosidade do leitor sobre determinado ponto da linha de pesquisa. Normalmente, traz à tona uma discussão que já estava dada por concluída, apresentando novos dados consistentes.

Por exemplo: "Qual o melhor tratamento não cirúrgico para diminuir a dor em jovens entre 16 e 18 anos com lombalgia?"

Método 3

Método das palavras-chaves

1. Responda às perguntas:
A - Qual(is) palavra(s) representa(m) o estudo?
B - Quais as cinco palavras-chaves mais frequentes nas minhas buscas?
C - Qual é o maior problema debatido no estudo?
D - Sobre o que é o estudo?
E - Qual é o tipo do estudo? (Este item não é obrigatório, com exceção de alguma revistas que o solicitam. Normalmente, ele serve como sinalizador do grau de evidência dos resultados.)
F - Qual foi o principal resultado?

Por exemplo, você pode responder:
A - Qual(is) palavra(s) representa(m) o estudo? (Fratura.)
B - Quais as cinco palavras-chaves mais frequentes nas suas buscas? (Densidade óssea, marcha, fratura, queda e idosos.)
C - Qual é o maior problema debatido no estudo? (Aumento do risco de fratura por fragilidade em idosos acima de 80 anos.)
D - Sobre o que é o estudo? (Trata-se de um estudo que avaliou se o treino aeróbico, utilizando esteiras ergométricas, associado a quatro sessões semanais de 20 minutos de ultrassom terapêutico promove aumento da densidade e qualidade óssea e, por consequência, a diminuição do risco de fraturas por fragilidade em idosos acima de 80 anos.)
E - Qual é o tipo do estudo? (Estudo clínico randomizado.)
F - Qual foi o principal resultado? (O treino aeróbico, utilizando esteiras ergométricas, associado a quatro sessões semanais de 20 minutos de ultrassom terapêutico, promoveu o aumento da densidade e qualidade óssea e diminuiu o risco de fraturas por fragilidade em idosos acima de 80 anos.)

2. A partir das respostas, você deve unir a resposta do item F com a resposta do item E:
Exemplo: "(F) O treino aeróbico, utilizando esteiras ergométricas, associado a quatro sessões semanais de 20 minutos de ultrassom terapêutico,

promoveu o aumento da densidade e qualidade óssea e diminuiu o risco de fraturas por fragilidade em idosos acima de 80 anos: (E) estudo clínico randomizado".

3. Agora, você deve excluir algumas palavras a fim de tornar o título mais direto e responder claramente ao item "D": ~~O~~ treino aeróbico, ~~utilizando esteiras ergométricas,~~ associado a ~~quatro sessões semanais de 20 minutos de~~ ultrassom terapêutico ~~promoveu~~ o aumento da densidade e qualidade óssea e diminuiu o risco de fraturas ~~por fragilidade~~ em idosos acima de 80 anos: estudo clínico randomizado.

4. Após excluir o desnecessário, você deve verificar se os itens A, B (duas ou três palavras) e uma análise do problema apresentado em C constam no título. Por fim, realize ajustes, a fim de garantir a coesão e coerência. No nosso exemplo: treino aeróbico associado ao ultrassom terapêutico aumentou a densidade[B] e qualidade óssea e diminuiu o risco de fraturas[A,B] em idosos[B] acima de 80 anos[C]: estudo clínico randomizado.

Portanto, o título ficará assim: "Treino aeróbico associado a terapia por ultrassom aumentou a densidade e qualidade óssea e diminuiu o risco de fraturas em idosos acima de 80 anos: estudo clínico randomizado" ou assim: "Treino aeróbico associado a terapia por ultrassom diminuiu o risco de fraturas em idosos acima de 80 anos: estudo clínico randomizado".

No primeiro exemplo, os resultados que culminaram na diminuição do risco de fratura (aumento da densidade e qualidade óssea) foram exaltados. Você usará este caso quando esses resultados forem bem relevantes para a sua linha de pesquisa e merecerem ser noticiados logo no título e, é claro, as regras da revistas permitirem um título mais longo. Mas veja que o resultado principal é diminuir o risco de fratura. Assim, a segunda opção deve ser a melhor; é direta, clara e curta.

Seja qual for o método escolhido, você perceberá que restarão palavras importantes de fora do título. Revise e certifique-se de que as palavras-chaves mais importantes para o seu estudo constam no título; use as que restaram no resumo e na seção palavras-chaves (*keywords*). Isso complementará o título.

Método 4

Método "o quê?", "onde?" e "quando?"

1. Responda:
O que foi estudado?
Onde foi realizado o estudo?
Quando o estudo foi realizado?
Depois, basta unir as respostas de tal modo que garanta a coerência.
Exemplo:
O que foi estudado? (Incidência de obesidade infantil.)
Onde foi realizado o estudo? (Estados Unidos.)
Quando o estudo foi realizado? (2015–2020.)
Título: "Incidência de obesidade infantil nos Estados Unidos, 2015–2020".

Recapitulando

O seu título deve ser:
- de fácil assimilação.
- específico.
- nem muito curto, nem muito longo.
- informativo e conclusivo ou instigante.

Os quatro principais métodos para construir títulos de artigo científico são:

Método 1

Método da conclusão

1. Não mostre o que você fez, mostre o que você encontrou.
Use a resposta do Pico como título (conclusão).
Exemplo:
Pergunta Pico: "Qual o melhor tratamento não cirúrgico para o diminuir a dor em jovens entre 16 e 18 anos com lombalgia?".
Título: "A cinesioterapia é o melhor tratamento não cirúrgico para diminuir a dor lombar em jovens entre 16 e 18 anos".

Método 2

Método Pico

1. Use a própria pergunta Pico como título.
Basta realizar pequenos ajustes a fim de garantir a coesão e coerência.
Por exemplo: "Qual o melhor tratamento não cirúrgico para diminuir a dor em jovens entre 16 e 18 anos com lombalgia?".

Método 3

Método das palavras-chaves

1. Responda às perguntas:
A - Qual(is) palavra(s) representa(m) o estudo?
B - Quais as três palavras-chaves mais frequentes nas minhas buscas?
C - Qual é o maior problema debatido no estudo?
D - Sobre o que é o estudo?
E - Qual é o tipo do estudo? (Este item não é obrigatório, com exceção de alguma revistas que solicitam. Normalmente, ele serve como sinalizador do grau de evidência dos resultados.)
F - Qual foi o principal resultado?

2. A partir das respostas, você deve unir a resposta do item F com a resposta do item E.

3. Exclua algumas palavras a fim de tornar o título mais direto e responder claramente ao item D.

4. Verifique se os itens A, B (duas ou três palavras) e C constam no título e realize ajustes, a fim de garantir a coesão e coerência.

Exemplo: "Treino aeróbico associado ao ultrassom terapêutico aumentou a densidade e qualidade óssea e diminuiu o risco de fraturas em idosos acima de 80 anos: estudo clínico randomizado".

Método 4

Método "o quê?", "onde?" e "quando?"

1. Responda:
O que foi estudado?
Onde foi realizado o estudo?
Quando o estudo foi realizado?
Exemplo: "Incidência de obesidade infantil nos Estados Unidos, 2015–2020".

15. ESCREVENDO A SEÇÃO RESUMO

> "O poder de síntese é a alma da inteligência."
>
> **William Shakespeare**

Uma das melhores dicas para escrever o resumo e não "empacar" é escrever o resumo estruturado e só depois deixá-lo de acordo com as normas da revista. Escreva:

1. Introdução ou *background*.
2. Métodos.
3. Principais resultados.
4. Conclusão.

Para escrever mais facilmente essas seções do resumo, responda às perguntas correspondentes.

1. Qual é o cenário atual e o objetivo principal do tema do estudo?
2. Como você buscou responder ao objetivo?
3. Quais foram os principais resultados?
4. Com base nos resultados encontrados, qual a resposta em relação ao objetivo?

Mas não pare por aí. Nos meus primeiros textos, eu considerava o resumo a seção mais fácil de todas. Submetia os artigos e os meus resumos quase sempre recebiam recomendações de mudanças. Eu cometia um erro que 90% dos pesquisadores cometem ao escrever o resumo: seguia algumas regrinhas acreditando que eram tiros certeiros. Essas regras faziam o meu resumo ficar nada criativo. Elas falavam para eu retirar trechos do artigo e formar apenas o resumo estruturado.

Não há regras rígidas e engessadas que garantam sucesso na escrita científica! Entenda, portanto, estas "regrinhas" como orientações. Após usá-las, você precisará ajustar o resumo.

O resumo estruturado é bem aceito em congressos, ou seja, basta responder às quatro perguntas que eu já ensinei. Mas, para artigos científicos ou qualquer outro documento científico no qual o resumo antecede o texto completo (a saber, TCC, dissertação e tese), a história é outra.

Você deverá se lembrar de três detalhes importantes:

O resumo terá que conquistar o leitor para que ele leia outra parte do artigo e aumente a chance para leitura do artigo completo.

O tempo é importante. Então, seja breve. Utilize o princípio Kiss.

Lembra o paradoxo do *spoiler* (p. 115-116)? Ele também entrará no resumo!

O resumo desta nova era da escrita científica é mais criativo! Busque isso!

No título, você toca na mão do leitor. No resumo, você segura na mão dele para convidá-lo para uma maravilhosa caminhada na sua história, passeando pelas seções do artigo. Assim, o resumo completa o título e expõe mais informações para conquistar o leitor.

Na verdade, não há regras nem para as informações que devem ser escritas no resumo. Apenas seja breve e criativo.

O número de palavras aceitas pelas revistas nessa seção não é escolhido aleatoriamente. Os editores buscam que seus resumos sejam lidos e conhecem muito bem o perfil dos seus fiéis leitores.

Geralmente, os resumo são curtos, no máximo 250 palavras. Escreva no máximo 200. Caso a revista a que você o submeterá solicite menos de 200 palavras, isso indica que os leitores dela desejam resumos bem curtos. Assim, escreva no máximo 150 palavras.

Não desperdice palavras, não repita as frases que estão nas seções do texto, apenas as use para guiá-lo. Escreva o resumo como se fosse um texto a mais que apresenta o artigo.

Depois de escrever o resumo estruturado, certifique-se de que as seguintes informações estão no resumo:

- O problema do estudo.
- Principais achados.
- Principal conclusão.

Você deve estar se perguntando: "E o objetivo? Não entra?". Antigamente, eram comuns trechos do tipo: "A presente pesquisa objetivou…". Veja que a principal conclusão é resposta do objetivo, logo, o objetivo está incluso, mas disfarçado, nos principais achados e na conclusão.

Mas nem todas as revistas são assim. Por isso, primeiro, leia as normas. Veja que algumas ainda solicitam o resumo estruturado como se fosse um artigo curto.

Recentemente, as grandes revistas têm adotado os *highlights*, que aumentaram muito o número de leitores de artigo. Isso comprova que os leitores buscam informações sem enrolação.

Palavras-chaves

A escolha adequada das palavras-chaves interfere diretamente na facilidade com que o seu artigo aparecerá nas buscas.

Após diversas leituras para preparar o seu artigo, com toda certeza você tem em mente as palavras que melhor representam o seu estudo, não é?

Escreva de três a seis palavras-chaves de acordo com o seu conhecimento relacionadas ao seu estudo. Esta lista será chamada de **"palavras-chaves que representam o estudo"**. Exemplo: caminhada, corrida, idoso, diabetes, qualidade de vida e qualidade de saúde.

Agora, com a ajuda de uma tabela, pegue os dez artigos principais (top dez [p. 91]), selecionados por você e veja a frequência de cada palavra-chave usada em cada artigo. Esta lista será chamada de **"frequência das palavras-chaves"**. Veja o exemplo com apenas três artigos selecionados:

Artigo principal nº 1: diabetes, sobrepeso, idoso, exercício, qualidade de vida.

Artigo principal nº 2: diabetes, idoso, homem, caminhada, qualidade de vida.

Artigo principal nº 3: diabetes, idoso, maratona, joelho, exercício.

De acordo com os três artigos, a frequência para cada palavra é:

Diabetes: 3

Sobrepeso: 1

Idoso: 3
Exercício: 2
Qualidade de vida: 2
Homem: 1
Caminhada: 1
Maratona: 1
Joelho: 1

Somando os resultados da **"frequência das palavras-chaves"** com as **"palavras-chaves que representam o estudo"** e ordenando em ordem decrescente, teremos:

Diabetes: 3+1 = 4
Idoso: 3+1 = 4
Qualidade de vida: 2+1 = 3
Exercício: 2
Caminhada: 1+1 = 2
Sobrepeso: 1
Homem: 1
Maratona: 1
Joelho: 1
Corrida: 1
Qualidade de saúde: 1

Veja se encontra as seis palavras-chaves mais frequentes (diabetes, idoso, qualidade de vida, exercício, caminhada e sobrepeso) contidas no Descritores em Ciências da Saúde – DeCs (http://decs.bvs.br) e no Medical Subject Headings – MeSH (https://www.ncbi.nlm.nih.gov/mesh/). Palavras-chaves presentes no DeCs e no MeSH facilitam encontrar o artigo. Aproveite e avalie se há palavras sinônimas que caracterizam o seu estudo. Estude se vale a pena utilizá-las.

Normalmente, as revistas solicitam de três a seis palavras-chaves bem específicas, mas consulte as normas da revista.

Recapitulando

1. Para escrever o resumo do artigo, responda:
- Qual é o cenário atual e o objetivo principal do tema do estudo?
- Como você buscou responder ao objetivo?
- Quais foram os principais resultados?
- Com base nos resultados encontrados, qual a resposta em relação ao objetivo?

2. Características do resumo:
- O resumo terá que conquistar o leitor.
- Ele é breve. Utilize o princípio Kiss.
- Aproveite o paradoxo do *spoiler*.

3. Informações que não podem faltar no resumo:
- O problema do estudo.
- Principais achados.
- Principal conclusão.

4. Escreva três ou seis palavras-chaves.

16. ATUALIZAÇÃO

"Estudar é polir a pedra preciosa; cultivando o espírito, purificamo-lo."

Confúcio

Depois de terminar a primeira versão do seu artigo, descanse. Dê pelo menos uma semana para depois pegar o texto novamente para lapidá-lo na fase atualização. Isso se faz necessário porque, na primeira versão, você estava com o lado emocional muito aflorado. Precisamos do lado racional agora.

Nesta terceira fase do método MMA, você acrescentará algumas informações e retirará outras. Finalmente, você deixará o seu artigo bem melhor.

Teremos quatro tempos de atualização:

1. Aqui você não revisará, acrescentará informações relevantes.

Você precisa acessar o site da revista à qual pretende submeter o seu artigo. Muitas revistas têm, em seus sites, seções especiais destinadas à melhoria da escrita dos possíveis autores. Afinal, elas desejam bons resultados escritos da melhor forma possível. Assim todo mundo ganha.

Caso a revista de sua escolha não apresente esta seção, recomendo ler dois ou três artigos, na sua linha de pesquisa, publicados nela. Desse modo, você conhecerá melhor o estilo da revista, tirará algumas dúvidas quanto às normas da revista e ajustará o seu artigo. Caso ainda tenha dúvidas, envie um e-mail para o editor, mas tenha bom-senso no que pergunta.

Em pesquisas na área da saúde, é provável que um dos artigos que você utilizou esteja no *Science Direct* (https://www.sciencedirect.com). Nele há mais de 4.250 revistas científicas e 30.350 livros. Entre no site e busque pelos artigos que você utilizou. Veja que há uma aba de *"Recommeded articles"* (normalmente do lado direito da página do site). Após a busca, surgirá uma lista de artigos recomendados para você, devido à semelhança com o que você buscou. Nessa lista, você pode encontrar algum que mereça ser lido e citado na sua pesquisa.

Use o Instagram. Lá tem de tudo, inclusive cientistas que postam dicas, análises dos resultados encontrados em seus laboratórios e algumas reflexões que podem ajudar no seu artigo. O trabalho de filtragem para encontrar alguma informação útil no Instagram poderá ser árduo, pois você encontrará mais fotos, mas com toda certeza, ao ficar vendo diversas fotos e suas legendas, mesmo que não encontre nada que mereça entrar no seu artigo, você se envolverá mais com o assunto. Por exemplo, caso queira mais informações sobre samaumeira, acesse o Instagram (https://www.instagram.com), vá em busca (lupa na barra inferior) e digite #samaumeira.

Quando escrevemos um artigo científico, o nosso sistema límbico fica aflorado, o sentimento de ganhar o próximo Nobel se aproxima (risos), nosso campo de visual fica mais estreito e muitas vezes isso atrapalha. Devemos sair da "caverna de Platão". Por isso, é importante realizarmos a imersão no tema, mas como um ouvinte que assiste a diversos pontos de vista novos e analisa.

Para isso, acesse o Facebook (https://www.facebook.com), Twitter (https://twitter.com), LinkedIn (https://www.linkedin.com) e YouTube (https://www.youtube.com). Use as palavras chaves e o nome dos pesquisadores da sua linha de pesquisa nas caixas de busca. Mas calma com o dedo para não clicar logo no "enter". Ao escrever uma palavra-chave na caixa de busca, essas ferramentas sugerem de forma automática vários termos para pesquisa. Analise se há algo interessante nessas sugestões.

Após pesquisar, tome nota de informações que merecem ser analisadas mais a fundo. Isso pode mudar algo no seu artigo.

Outra ferramenta poderosa é o Google News (https://news.google.com). Nele, você pode encontrar outros especialistas e novidades sobre a sua linha de pesquisa. Basta acessar o site e escrever as palavras-chaves no buscador. O Google News permite que você salve uma reportagem para ler depois, salve uma busca e até siga um assunto.

Quando solicitaram uma dica científica à geofísica estadunidense Marcia Kemper McNutt, presidente da Academia Nacional de Ciências dos Estados Unidos (NAS, na sigla em inglês) e ex-editora-chefe da renomada revista científica *Science*, ela respondeu: "Não hesite em falar com cientistas mais experientes. Você estará fazendo um favor a eles, pedindo que eles expliquem para você em termos compreensíveis o que significa um artigo complexo. Todos os cientistas precisam de mais experiência na tradução de conceitos complexos em termos comuns" (Pain, 2016, tradução nossa).

O *ResearchGate* (www.researchgate.net) facilita esse contato com os cientistas. Além de você contatar diretamente o cientista de sua escolha, enviando uma mensagem, também pode criar uma pergunta (aba "*ask a question*") e deixar que diversos cientistas do mundo respondam a sua questão.

Outra ferramenta semelhante que permite esse contato é o *Publons* (https://publons.com/about/home/). Ele oferece também um treinamento de revisão por pares para pesquisadores (https://publons.com/community/academy/) e recursos para os acadêmicos discutirem e avaliarem a pesquisa publicada.

Por último, acesse o site de associações, fundações, sociedades e conselhos relacionadas a sua pesquisa. Você pode encontrar informações mais específicas, a saber, diretrizes, que valorizarão a sua pesquisa.

Descanse por um dia e depois retorne ao segundo tempo da Atualização.

2. Aqui, você caçará alguns fantasmas da escrita e cortará o mal pela raiz.

Verifique a grafia dos nomes escritos. Escrever errado o nome de uma espécie, pesquisador, empresa, localização, número de leis desacredita a pesquisa.

Verifique a gramática (tempos verbais, regência, concordância verbal e nominal).

Verifique a ortografia geral. Use a verificação de ortografia e gramática do Word. No MacBook, vá em revisão e clique no "abc" que está na região superior da tela ou vá em Ferramentas, Ortografia e Gramática ou simplesmente use o atalho option + command + L.

Stephen King, autor de diversos best-sellers, diz que a estrada para o inferno é pavimentada por advérbios. Com toda certeza, essa não é a estrada em que você quer caminhar de mãos dadas com o leitor. Faça a leitura caçando os advérbios e retire o excesso, quando possível.

Retire o excesso de gerúndios.

Retire o excesso de pronomes possessivos e artigos indefinidos.

Troque a voz passiva pela voz ativa. Em vez de escrever "a coloração desejada foi alcançada por meio da adição de álcool 70%", escreva "a adição de álcool 70% alcançou a coloração desejada".

Cuidado com o "através de", que pode ser "por meio de". Revisores de revistas científicas que aceitam publicação em língua portuguesa, frequentemente apontam esse erro. Há uma grande discussão entre os gramáticos e teóricos da língua portuguesa sobre o uso dessas duas locuções adverbiais, pois o "através de" quer dizer "de um lado a outro", "transpor", "cruzar"; e o "por meio de" quer dizer "por intermédio de". Para não entrar nessa briga à toa, use o sentido literal de cada uma dessas locuções.

Procure as palavras "estudos" e "pesquisadores" no texto. Como você escreveu no plural, certifique-se de que citou pelo menos dois pesquisadores. Os leitores pensarão "ele leu vários estudos e chegou a essa conclusão". Se citar apenas um pesquisador, os leitores pensarão que você está só repassando a opinião de outra pessoa. Lembre-se, o seu posicionamento é fundamental no seu artigo.

Coloque pontos. Procure frases muito longas (mais de 25 palavras) e divida em duas, caso seja possível. Para isso, recomendo usar o site WordCounter360° (http://pt.wordcounter360.com), uma ferramenta on-line e gratuita que calcula o número de letras, caracteres, palavras, média de palavras por frase e parágrafos em um texto.

Veja se citou de forma adequada os pesquisadores no corpo do texto e se montou corretamente a lista de referências. Use novamente o checklist de citações (ver p. 56-57).

3. Agora, sim, você pode reescrever alguns trechos do seu artigo.

A primeira dica nesta fase, que para mim é uma das mais chatas, mas dá um resultado surpreendente, é: leia o seu artigo em voz alta. Assim, você aumenta as chances de detectar erros.

Um dos erros comuns dos autores de artigos científicos é pensar que uma seção é mais valiosa que outra. Isso pode diminuir muito o valor da sua pesquisa e a credibilidade dos dados. Lembre que cada seção garante a vitória de uma "batalha" e transporta o leitor para a próxima.

O leitor tem que ter o sentimento de que você o está acompanhando de mãos dadas do início ao fim da leitura. Assim, veja se colocou todas as informações em cada seção. Vale a pena retornar ao capítulo "Mãos à obra" (p. 80) para checar se está tudo descrito.

Enxugue o seu texto, cortando 25% dele.

Avalie se todas as informações apresentadas na introdução conduzem o leitor ao objetivo do estudo. Caso não, corte sem dó as que não têm essa finalidade.

Revise as medidas e unidades e corrija-as de acordo com o VIM.

Leia o texto e avalie se ele responde a todas as perguntas da seção Meditação que se aplicam ao seu estudo e ao passo 4 do capítulo "Como ler corretamente um artigo científico". Ajuste o texto caso necessário.

4. Permita-se ser avaliado.

Na Meditação, você pensou em algumas pessoas que contataria para ler o artigo. Dê o artigo para essas pessoas lerem criticamente, com um prazo de vinte dias.

Caso seja possível, invista também em contratar um revisor profissional, especialista em ciências, principalmente quando se tratar de um artigo escrito em língua não nativa.

Nos artigos escritos em inglês, não caia no erro de confiar apenas naquele amigo "fera" no inglês; lembre-se de que é um artigo científico e o método de leitura é outro. Vale a pena investir em um profissional qualificado. Na internet, há diversas empresas especializadas, para todos os gostos e bolsos, que garantem a revisão até por nativos com doutorado:

- American Journal Experts (https://www.aje.com/br/).
- SCRIBENDI – Academic Editing and Proofreading Services (www.scribendi.com).
- American Manuscript Editors (www.americanmanuscripteditors.com).
- Editage (https://www.editage.com.br).

Analise com cuidado todas as considerações que recebeu e modifique o que julgar apropriado. Mas cuidado! Eu tinha muitos problemas nessa fase, pois escutava todo mundo e tentava colocar todas as recomendações no artigo. Além de perder muito tempo, o artigo ficava semelhante ao monstro criado pelo doutor Victor Frankenstein.

Por fim, coloque o ponto final e escreva a carta de submissão à revista que escolheu.

Recapitulando

Teremos quatro tempos de atualização:

1. Não revise, apenas acrescente informações relevantes.

2. Realize a caça de alguns fantasmas da escrita.

3. Reescreva alguns trechos do seu artigo, caso necessário, e corte 25% de seu texto.

4. Busque ser avaliado. Analise com cuidado todas as considerações que recebeu e modifique o que julgar apropriado.

17. CARTA AO EDITOR

A maioria das revistas científicas recomenda enviar com o artigo uma carta de submissão. Nela, você venderá cientificamente o seu estudo.

Algumas revistas têm um modelo próprio e indicam algumas informações essenciais para se colocar na carta, a saber, nomes e e-mails de possíveis revisores. Confira no site da revista que você escolheu para submeter seu artigo.

Lembre-se de ganhar a confiança primeiro e só depois mostrar a sua competência. Seja breve e doce.

Este *template* é o que eu uso. Eu o construí a partir das sugestões das revistas a que já submeti artigos.

Sua cidade, mês/dia/ano

Prezado Editor-in-Chief (nome do editor),

(Escreva o nome da revista)

Nós gostaríamos de submeter o nosso artigo intitulado **"(título do artigo)"** de autoria de **(nome dos autores)** à sua revista.

Diante da(o) **(apresente resumidamente o problema estudado na pesquisa – use a teoria das camadas do bolo)**, há necessidade de estudar **(apresente o "buraco científico")**.

Assim, em nosso estudo **(apresente os principais resultados da pesquisa – caso seja possível apresente números, por exemplo, os números resultantes dos testes estatísticos)**.

Desse modo, foi possível concluir que **(apresente a sua conclusão e informe se o estudo gerou patentes, por exemplo)**. Isso contribuiu para **(apresente a contribuição da sua pesquisa para o avanço no assunto estudado)**.

(Aqui, escreva um parágrafo curto que mostre que o seu artigo está adequado ao escopo da revista.)

Observação: ao final, caso uma parte do estudo tenha sido publicada em eventos científicos, informe ao editor o nome do evento, local e ano. Caso não, informe que se trata de um estudo original e que nenhuma parte foi publicada.

Cordialmente,
(nome do autor correspondente)

Coloque dados para contato (nome da instituição, a saber, departamento, universidades, hospitais, endereço completo e telefone).

(Seu e-mail – dê preferência a um e-mail institucional; caso não tenha, use o seu pessoal, mas que tenha um tom profissional. Cuidado com os endereços de e-mails do tipo ocara16@gmail.com ou queridinha@hotmail.com.br).

Revise a sua carta, retire os assassinos da escrita, avalie a coesão e coerência do texto, leia a carta em voz alta e dê para que outros a leiam.

18. CHECKLIST DO ARTIGO

> "A genialidade é 1% inspiração
> e 99% transpiração."
>
> **Thomas Edison**

Chegou a hora de fazer a análise final do seu artigo. Marque com um "X" cada item realizado. Caso não tenha marcado todos os itens, retorne ao capítulo correspondente e veja se o item não marcado é necessário para o tipo do artigo. Caso tudo esteja ok, você já pode submeter à revista ou a sua banca.

Título

- [ ] O título é claro, objetivo e informativo?
- [ ] O título apresenta o principal achado, de acordo com o objetivo da pesquisa?
- [ ] O título é convidativo ou instigante?

Resumo

- [ ] O número de palavras está de acordo com o número proposto pela revista ou normas da universidade?
- [ ] Foram apresentadas as principais informações de cada seção?
- [ ] O resumo é criativo e completa as informações do título?

Palavras-chaves

- [ ] As palavras-chaves estão presentes no DeCS e/ou MESH?
- [ ] As palavras-chaves completam as informações do título?

Introdução

- [ ] Foram apresentados dados de pelo menos dois campos (financeiro,

emocional ou político-social) relacionados com o grande problema apresentado na pesquisa?
- [ ] As referências estão atualizadas (50% + 1 com no máximo cinco anos após a publicação)?
- [ ] Está clara a originalidade da pesquisa?
- [ ] Estão claros o valor e a necessidade de realizar a presente pesquisa?
- [ ] Apresentou pelo menos dois trabalhos de pesquisas anteriores?
- [ ] Deixou claro o "buraco científico"?
- [ ] Apresentou o objetivo (Pico)?

Materiais e métodos

- [ ] Escreveu o tipo da pesquisa realizada?
- [ ] Apresentou o número do protocolo de aceitação do comitê de ética?
- [ ] Escreveu os detalhes dos equipamentos utilizados (versão do equipamento, empresa do equipamento, estado da empresa e país da empresa)?
- [ ] O tamanho da amostra é representativo? Justificou, estatisticamente, o tamanho da amostra?
- [ ] Apresentou a precisão do equipamento utilizado?
- [ ] Deixou claro como foi o convite feito aos voluntários da pesquisa?
- [ ] Informou que os voluntários da pesquisa assinaram o TCLE?
- [ ] Referenciou o método utilizado por meio de trabalhos de outros pesquisadores.
- [ ] Descreveu detalhadamente os procedimentos realizados, facilitando o entendimento e futuras reproduções do protocolo adotado em sua pesquisa?

Resultados

- [ ] Apresentou o poder do teste, intervalo de confiança e o p-valor?
- [ ] As figuras e tabelas são adequadas e autoexplicativas?
- [ ] As figuras, os quadros e as tabelas foram referenciados adequadamente no texto?

☐ Padronizou o número de casas decimais dos resultados apresentados?
☐ Os resultados contribuem para responder o objetivo do estudo?

Discussão

☐ Informou o valor do presente estudo para a evolução na linha de pesquisa em que ele está incluído?
☐ Justificou as hipóteses criadas?
☐ Mostrou as convergências e divergências dos achados em relação aos outros pesquisadores?
☐ Escreveu as limitações da pesquisa?
☐ Sugeriu os próximos passos de acordo com os "buracos científicos" e dificuldades que encontrou?

Conclusão

☐ Escreveu a conclusão de forma clara e objetiva, respondendo o objetivo principal da pesquisa?

Referências

☐ Citou todas referências utilizadas no texto?

Norma

☐ Ajustou o artigo às normas da revista? Principais:
   a. Número de palavras permitido.
   b. Língua aceita.
   c. Sessões aceitas.
   d. Formatação do texto e referências.
   e. Informações do autor (e-mail, endereço e ResearcherID).
   f. Número de figuras e tabelas.
   g. Resolução e extensão dos arquivos (texto e figuras).
☐ Assinou os documentos (conflito de interesse, carta ao editor e aceite dos autores).

PRÓXIMO PASSO

"O estudo é a valorização da mente
ao serviço da felicidade humana."

François Guizot

Chegamos ao final do livro e estou muito feliz com o seu comprometimento. Os grandes cientistas, autores que recebem milhares de leituras, editores de grandes revistas científicas e revisores de projetos são verdadeiros "baús dos tesouros" da ciência. Todos que pretendem escrever redações científicas deveriam escutá-los e você escutou muitos deles por meio da leitura deste livro. Descobriu o que eles pensam sobre fazer ciência e o que esperam de um autor de artigos científicos.

Durante a leitura, você se deparou com os benefícios que escrever de acordo com a nova era da escrita científica pode proporcionar. Aprendeu a dar um "tapa na cara" da procrastinação, aniquilar a "síndrome inquietante da perfeição da primeira linha", desvendou os segredos do caminho da publicação e, agora, poderá divulgar o seu estudo de forma eficiente. Viu que escrever um artigo científico é como contar uma valiosa história para o benefício da sociedade, respeitando a ética e cada um dos leitores.

Este livro mostrou, ainda, o passo a passo adequado de como escrever títulos, resumos, introdução, materiais e métodos, discussão e conclusão e, até mesmo, a formatar todo o texto e como escolher a revista científica para submeter o seu artigo. Tudo isso de modo fluido, evitando a perda de horas escrevendo de forma pouco produtiva.

Espero que você domine bem o método e que esta leitura contribua para a sua forma de ver e escrever cientificamente. Além disso, espero que este livro inspire você a pesquisar e contar a história da sua pesquisa para nós.

Acredito que você conhece alguém que também busca por essas orientações. Indique este livro. Vamos juntos fortalecer a ciência.

Um forte abraço e muito sucesso!
Aldo Fontes-Pereira

REFERÊNCIAS

ALMEIDA, Renan Moritz VR et al. Plagiarism Allegations Account for Most Retractions in Major Latin American/Caribbean Databases. *Science and Engineering Ethics*, v. 22, n. 5, p. 1447-1456, 2016.

ALMEIDA, Renan M. V. R.; FONTES-PEREIRA, Aldo José. Graduate Research in Plagiarism in Brazil: Overview and Comments on Prevention and Detection. *Políticas de Integridade Científica, Bioética e Biossegurança*. Porto Alegre: Editora Fi, p. 44, 2017.

American Institute of Physics. Publication Board, and AIP Publication Board. *AIP style manual*. Vol. 283. Amer Inst of Physics, 1990.

ANDERSON, Chris. *TED Talks*: o guia oficial do TED para falar em público. Rio de Janeiro: Intrínseca, 2016.

BENOS, Dale J.; KIRK, Kevin L.; HALL, John E. How to review a paper. *Advances in Physiology Education*, v. 27, n. 2, p. 47-52, 2003.

CIRILLO, Francesco. The Pomodoro technique. *Agile Processes in Software Engineering*, v. 54, n. 2, p. 35, 2006.

CLARK, Roy Peter. *How to Write Short: Word Craft for Fast Times*. Londres: Hachette UK, 2013.

CUDDY, Amy. *O poder da presença*. Rio de Janeiro: Sextante, 2016.

DANCEY, Christine P.; REIDY, John. *Estatística sem matemática para psicologia*. São Paulo: Penso: 2019.

DUDZIAK, Elisabeth A. *Da submissão à decisão – como está a aceitação dos artigos de autores brasileiros?* Disponível em: https://www.aguia.usp.br/?p=23518. Acesso em: 25 jul. 2020.

ENGLISH Communication for Scientists: Writing Scientific Papers. Disponível em: https://www.nature.com/scitable/ebooks/english-communication-for-scientists-14053993/118519636/. Acesso em: 15 fev. 2021.

FONTES-PEREIRA, Aldo. *Revisão sistemática da literatura: como escrever um artigo científico em 72 horas*. Rio de Janeiro: [s. e.], 2017.

FRASSL, M. A.; HAMILTON, D. P.; DENFELD, B. A.; DE EYTO, E.; HAMPTON, S. E.; KELLER, P. S. et al. (2018) Ten Simple Rules for Collaboratively Writing a Multi-authored Paper. *PLoS Comput Biol*, 14(11): e1006508.

GUIDE for Authors. Brazilian Journal of Physical Therapy (BJPT). Disponível em: www.rbf-bjpt.org.br. Acesso em: 15 fev. 2021.

KING, Stephen. *Sobre a escrita: a arte em memórias*. São Paulo: Suma de Letras, 2015.

KOSCHWANEZ, Heidi E. et al. Expressive Writing and Wound Healing in Older Adults: A Randomized Controlled Trial. *Psychosomatic Medicine*, v. 75, n. 6, p. 581-590, 2013.

LEAVITT, Jonathan D.; CHRISTENFELD, Nicholas J. S. Story Spoilers Don't Spoil Stories. *Psychological Science*, v. 22, n. 9, p. 1152-1154, 2011.

LOURENÇO, Leonardo B. *Estrutura de roteiro* – Como escrever um livro: aprenda a escrever histórias de sucesso com as técnicas usadas no cinema [E-book]. [S. l.: s. e.], 2016.

MELLO, Marco Aurélio Ribeiro de. *Sobrevivendo na ciência: um pequeno manual para a jornada do cientista*. Belo Horizonte: Edição do autor, 2017.

MORAES, Vinicius de. *Para viver um grande amor (crônicas e poemas)*. São Paulo: Companhia das Letras, 2010.

ORANSKY, M. A. The First-ever English Language Retraction (1756)? *Retraction Watch*. Disponível em: http://retractionwatch.com/2012/02/27/the-first-ever-english-language-retraction-1756/. Acesso em: 15 fev. 2021.

PAIN, Elisabeth. How to (seriously) read a scientific paper. *Science*, v. 10, 2016.

_____. How to Review a Paper. *Science*, 22 set. 2016. Disponível em: https://www.sciencemag.org/careers/2016/09/how-review-paper. Acesso em: 15 fev. 2021.

———. How to Write Your Ph.D. Thesis. *Science*, 30 abr. 2018. Disponível em: https://www.sciencemag.org/careers/2018/04/how-write-your-phd-thesis. Acesso em: 15 fev. 2021.

PARKINSON, Cyril N. *A Lei de Parkinson*. Rio de Janeiro: Nova Fronteira, 2008.

PERKEL, Jeffrey M. The Software that Powers Scientific Illustration. *Nature*, 2020.

POTTER, I. *Connecting the Dots: From Submission to Decision, the Fate of Scholarly Papers*. Frankfurt: Clarivate Analytics, Oct. 2017.

REJECTION without Peer Review: Issues and Solutions. *Enago Academy*, May 2018. Disponível em: https://www.enago.com/academy/manuscript-rejection-without-peer-review/. Acesso em: 15 fev. 2021.

RIBEIRO, Mariana. Radiografia das retratações no mundo. *Revista Fapesp*, ed. 264, fev. 2018. Disponível em: https://revistapesquisa.fapesp.br/radiografia-das-retratacoes-no-mundo/. Acesso em: 15 fev. 2021.

ROCHA, Erico. Diploma e tempo de serviço geram autoridade? 2020. (1 m. 31 s.). Disponível em: https://www.youtube.com/watch?v=oAVTILqZPBM. Acesso em: 1º mar. 2021.

RODRIGUEZ, Natalia. Infographic: How to Read a Scientific Paper. Mastering This Skill Can Help You Excel at Research, Peer Review – and Writing Your Own Papers. *Elsevier*, 05 ago. 2015. Disponível em: https://www.elsevier.com/connect/infographic-how-to-read-a-scientific-paper. Acesso em: 16 fev. 2021.

RUBEN, Adam. How to Read a Scientific Paper. *Sience*, 20 jan. 2016. Disponível em: https://www.sciencemag.org/careers/2016/01/how-read-scientific-paper. Acesso em: 15 fev. 2021.

SAULO, Eldes. *E-book em 48h: como escrever um best-seller de não ficção, mesmo sem tempo*. 2. ed. São Paulo: Casa do Escritor, 2015.

SINEK, Simon. *Comece pelo porquê*. Rio de Janeiro: Sextante, 2018.

SQUARISI, Dad; SALVADOR, Arlete. *A arte de escrever bem: um guia para jornalistas e profissionais do texto*. 8. ed. São Paulo: Contexto, 2019.

STRUNK JR., William; WHITE, E. B. *The Elements of Style*. Nova York: Penguin, 2007.

VARGAS, Mara A. O.; MANCIA, Joel R. A importância e seriedade do pesquisador ao apontar as limitações do estudo. *Revista Brasileira de Enfermagem*, v. 72, n. 4, p. 832-833, 2019.

VOLPATO, Gilson L. O método lógico para redação científica. *RECIIS*, 2015; 9(1). Disponível em: https://www.reciis.icict.fiocruz.br/index.php/reciis/article/view/932/1832. Acesso em: 15 fev. 2021.

WEILAND, K. M. *Structuring Your Novel*: Essential Keys for Writing an Outstanding Novel. Scottsbluff, Nebraska: PenForASword Publishing, 2013.

www.ExtremePresentation.com © 2009 A. Abela — a.v.abela@gmail.com [https://extremepresentation.typepad.com/files/choosing-a-good-chart-09.pdf]

"Comunicar-se adequadamente proporcionará a melhor experiência de viagem ao universo da ciência."

Aldo Fontes-Pereira

Esta obra foi composta em Minion Pro 11 pt e impressa em papel Pólen 80 g/m² pela gráfica Paym.